JN260113

内部監査実務シリーズ

ITと内部監査

公認会計士
出口眞也
Deguchi Shinya

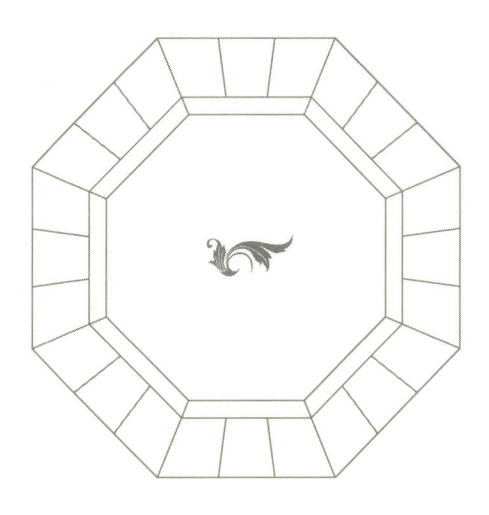

同文舘出版

はじめに─経営に資する"ITと内部監査"の実践のために

"経営に資する監査"という用語が登場して久しいが，わが国の多くの内部監査人は，その意味するところが"現在の企業価値を保証する監査"から"将来の企業価値の向上を支援する監査"への内部監査人としての使命や大義の変革であることは理解，同意できるにしても，変革を実現するための具体策をイメージすることは難しい。

昨今の猛烈な変化スピードで多極化するグローバル・マーケットにおいてわが国企業が競争優位を維持，回復するには，まず，わが国企業に固有の課題といわれる製品サービスそしてオペレーションの標準化変革による競争力復活が急務である。そしてその基礎となるマーケット最前線の情報を正確にキャッチしてタイムリーに伝送するための"アンテナ"と"情報通信・処理"のインフラを整え，クリティカルな経営情報を取捨選択するための"周波数チューニング・メカニズム"を確立し，そして本社機能はシンクタンクとして経営情報を解析・判断できるだけの組織能力を備える必要がある。

"経営に資する監査"がわが国企業の国際競争力の維持・向上に資する監査と同義と位置づけ，今こそわが国の監査人は，第一に企業グループのアンテナ能力として現場の人材・組織能力を，第二にKPIやKRI等の重要経営情報のチューニング・メカニズムを，第三に情報通信・処理能力を，そして最終的に本社機能の組織能力を監査することで，経営陣による製品サービスそしてオペレーションの標準化変革を強力にサポートすべきである。本分冊では，"継続的モニタリング"と"継続的監査"の実践導入こそが経営に資する監査の理想・最終形と捉え，すべての章をとおして，そのバックボーンとなる「ITを利用した監査」と「ITの監査」の意義と実践，そしてそれらのインタラクティブな関係と効能について少しでも気付きを提供できるように解説することを心がけた。

ITの技術革新は凄まじくITの各領域での専門性が高まっていることから，

端から木を見にいって森が見えないままにIT監査にアレルギーを感じている監査人も少なくないと想像されるが，経営に資する"ITと内部監査"という森を見るための発想転換に本分冊を利用いただければ幸甚である。

本書執筆には，筆者とともに，あらた監査法人プライスウォーターハウスクーパースにおいて「経営に資する内部監査」をテーマとして，内部監査，経営管理およびリスク・マネジメントのプラクティスに携わっている同僚の須原誠さんと久禮由敬さんに，内容についての多くの助言をもらった。また，本格的な内部監査シリーズの出版を支援してくださり，プロの視点からアドバイスをいただいた同文舘出版株式会社の中島治久社長と青柳裕之さんに心から感謝を申し上げる。

2012年8月

出口 眞也

ITと内部監査●もくじ

1 ITの監査と内部監査人の役割 ——1

1. わが国の企業にとっての経営に資する監査とは？——2
- (1) グローバル・スケール・メリットを追及するビジネス・モデルへの変革——3
- (2) 製品とバリューチェーン活動の標準化に向けた変革——3
- (3) トップ・ダウン経営への変革——4
- (4) 本社機能の変革——5
- (5) トップ・ダウン経営と本社機能の変革を支えるITインフラへの変革——8

2. 現代企業経営における情報と情報インフラのボーダレス化——11
- (1) IFRS——12
- (2) XBRL（eXtensible Business Reporting Language）——13
- (3) クラウド——14
- (4) ERP化——14

3. 現代の企業経営における内部監査人の使命——16
- (1) 内部監査組織の現状課題認識——16
- (2) 現在の企業価値の確認とその保護を目的とする内部監査から将来の企業価値の向上を目指す内部監査へのチャレンジ——17
- (3) 経営管理上の課題（内部監査の貢献のヒント）——20
- (4) 現代の企業経営に資する内部監査実現への具体策（ITを利用した監査）——22

(5) 継続的モニタリング・システムと継続的監査システム――――25

2 国際競争時代のわが国企業の経営に資するITの監査―31

1. IT監査におけるリスク・アプローチの浸透状況――――32

2. 内部統制監査およびIT監査におけるフレームワークの重要性――36

3. ITガバナンス，管理，監査のフレームワーク――――38
　(1) COBITを活用するメリット――――38
　(2) COBITと他の実践規範・規格との併用の必要性――――39
　(3) COBITの発行・改訂の歴史――――41

4. COBITのフレームワークの概要――――43
　(1) COBITにおけるドメイン，プロセスおよびアクティビティ単位でのコントロールの体系――45
　(2) マネジメント・ガイドライン―ITアクティビティにおけるKGIとKPI――47
　(3) COBITの成熟度モデル――――48
　(4) COBITの役立ち――――50

4. リスク・アプローチに基づく現代監査の基本の理解――――51
　(1) ビジネス・リスク・アプローチ監査のフレームワーク――――51
　(2) 監査の実施手順――――52

5. 固有のリスクの識別と評価の方法―会計監査とIT監査との異同の考察―――58
　(1) ビジネス・リスクの識別――――58
　(2) 会計監査および財務報告に係る内部統制監査における固有のリスクの
　　　評価・測定方法――――65

(3)　IT監査における固有のリスクの評価・測定方法 ———————— 65
　(4)　ITの統制目標の理解 ———————————————————— 67

❸ CAATと継続的監査 ———————————————————— 69

1. 内部監査におけるITの活用状況 ———————————————— 71

2. 継続的監査および継続的モニタリングの概念の登場の背景 ———— 75
　(1)　現代の内部監査機能が抱えるジレンマ—期待と課題 ———————— 75
　(2)　伝統的な内部監査手法の限界（2大課題） ———————————— 76
　(3)　継続的監査の手法登場の歴史的経緯 —————————————— 77

3. 内部監査人による"継続的監査"と経営陣による"継続的モニタリング"の連携 —— 78

4. 継続的監査における2つの目的 ———————————————— 80

5. 継続的監査の導入・実施手順 ————————————————— 83

6. CAATの解説（理論編） ——————————————————— 84
　(1)　CAATの概要 ———————————————————————— 84
　(2)　CAATの効能 ———————————————————————— 85

7. CAATの解説（実務編） ——————————————————— 88
　(1)　CAATの適用領域 —————————————————————— 88
　(2)　内部統制のテストへのCAATの活用 ——————————————— 89
　(3)　実証性テストへのCAATの適用 ————————————————— 90

（4） 不正検出あるいは防止のためのCAATの適用 ―――――――― 96
　　（5） CAATによる不正検出事例研究 ――――――――――――― 101
　　（6） CAATにおけるデータへのアクセス ――――――――――― 106

8. 継続的監査システム（CAS）の導入 ―――――――――――― 112

　　（1） CASの開発工程の概観 ――――――――――――――――― 112
　　（2） CASの構成モジュール ――――――――――――――――― 114
　　（3） CASの開発工程における作業項目と成果物（プロトタイプ） ― 115
　　（4） CASの内部監査プロセスへの組み込み ――――――――― 116
　　（5） CASによるリスクのモニタリング・イメージ ―――――― 117

4　内部統制報告制度とITの監査 ――――――――――――――― 119

1. ITへの対応に関する内部統制報告制度関連基準・規範の確認 ―― 121

　　（1） 内部統制報告制度の呼称と法律・基準の体系 ―――――― 121
　　（2） 実施基準の特徴 ―――――――――――――――――――― 121
　　（3） 実務的ガイダンスとしての，経済産業省「システム管理基準 追補版（財
　　　　 務報告に係るIT統制ガイダンス）」の概要 ――――――― 122
　　（4） IT統制ガイダンスの理解・活用と留意点 ―――――――― 122

2. 実施基準の「ITへの対応」の要求事項の解説 ――――――――― 125

　　（1） ITへの対応とは ―――――――――――――――――――― 126
　　（2） IT全社統制，IT全般統制およびIT業務処理統制とは ――― 129
　　（3） IT全社統制，IT全般統制とIT業務処理統制の関係 ―――― 130
　　（4） 内部統制の評価における評価範囲決定手順 ――――――― 131
　　（5） ITに関する内部統制評価の評価範囲決定手順 ―――――― 133
　　（6） IT全社統制の統制項目 ――――――――――――――――― 137

3. IT全社統制評価の実務 ———————————— 138
(1) IT全社的統制の理解および評価項目 ——————————— 138
(2) IT全社的統制の整備・運用プロセスの評価方法 ——————— 142
(3) IT全社統制の整備・運用プロセスの理解・評価の手順 ————— 144
(4) IT環境概要の理解（IT環境概要書とリスク分析表の作成）——— 145
(5) IT環境概要の記載様式および記載例 ———————————— 149

4. IT全般統制（ITGC）の評価の実務 ——————— 159
(1) ITGCの領域（ドメイン）————————————————— 159
(2) ITGCの統制活動 ——————————————————— 161

5. IT業務処理統制（ITAC）の評価の実務 —————— 191
(1) ITACの類型 ————————————————————— 191
(2) ITACを実現する機能（例）——————————————— 192
(3) システム上の機能について検証する手続の例（ITACの検証手続（例））——193

5 ERPの監査の概説 ———————————————— 197

1. ERPの監査における全般的留意事項 ———————— 198

2. SAP ERPの業務処理統制の特徴 ————————— 201
(1) SAP ERPのシステムのワークフロー概観 ————————— 201
(2) SAP ERPにおける業務処理統制の特徴 ————————— 201
(3) SAP ERPにおける業務処理統制の概要（統制タイプ別）——— 203

3. SAP ERPの全般統制の特徴（アクセス・コントロール）——— 206

- (1) 権限プロファイルの構造上の特徴 ——————————— 206
- (2) 権限プロファイル/ロールによるユーザ・アクセス制限の構造 ——— 206
- (3) ユーザ・アクセス・コントロールのシステム・ロジック ———— 209
- (4) 職務分掌（SOD：Segregation of Duty）のコントロール ———— 210
- (5) 特権ユーザ（SAPシステム標準ユーザ）のコントロール ———— 210
- (6) ログオン・ルートとコントロール ———————————— 212
- (7) セキュリティ・プロファイル・パラメータによるコントロール — 213
- (8) 高権限プロファイルのコントロール ——————————— 214
- (9) ユーザ・タイプによるコントロール ——————————— 214
- (10) 物理的，論理的アクセス・コントロール —————————— 215
- (11) 開発担当者と運用担当者の職務分掌 ——————————— 215
- (12) クリティカル・トランザクションのコントロール ——————— 216
- (13) インスタンス間の移送のコントロール —————————— 217
- (14) クライアント保護（Client Protection） —————————— 217
- (15) セキュリティ・ログによるコントロール —————————— 220

索　引　　223

1 ITの監査と内部監査人の役割

1. わが国の企業にとっての経営に資する監査とは？

　1990年代以後，金融から実体経済まで日本経済がその成長力を喪失するなかで，新興国を中心とする市場の急激な成長にともない，グローバル・マーケットは急速に多極化し，またそれに順応すべく先進国の多国籍企業群も国際化・多極化を集中的に進めている。

　この全世界レベルで変容する企業を巡る競争環境に対して，わが国の多国籍企業の多くは順応しきれず，過去からマーケットの多極化を見据えて競争力を切磋琢磨してきた欧米企業群に対しては今や大きく遅れをとり，通貨危機以後の成長著しい韓国企業群に対しても水をあけられ，最近では中国・インドといった新興国企業に対しても僅差で猛追されているのではないかという昨今の多くの論調は，必ずしも事実無根ではないと思われる。

　かつて，わが国の企業は製品と製造技術の革新によって，ハイ・エンドで高付加価値の製品を競争力ある価格で市場投入することで競争優位を築いてきた。日本市場で日本の競合企業を相手にナンバー・ワンをとれれば，欧米等の先進国市場でも競合の欧米企業群に対して競争優位がとれたし，後進国市場に対しては国内での成熟製品を海外で現地生産して低価格で市場投入することで優位性を維持してきた。

　しかし，成長著しく，かつ多極化した現在のグローバル市場と競合企業群の双方を想定すれば，もはやわが国企業は伝統的なビジネス・モデル／経営スタイルを変革することなしに競争優位を維持できる時代・環境ではないと思われる。

　昨今の日本企業の国際競争力喪失を巡る議論のなかで，共通して議論される競争力強化のためのキーワードは，ほぼ以下に集約されるのではないか。

(1) グローバル・スケール・メリットを追及するビジネス・モデルへの変革

ハイ・エンド指向から転換し，広く世界市場全体のなかで変化し続ける需要動向をウォッチし，ボリューム・ゾーンを見定めて，価格競争力ある製品を開発・投入する。

価格競争力を追求しながら，かつ常に変化し続ける需要動向に柔軟に対応するために，海外生産の拡大，製品のモジュール化による競争力あるパートナーとのクロス・ボーダーでの水平分業体制を確立し（わが国企業のお家芸といえる系列企業の垂直統合モデルによる"摺り合わせ"技術優先からの変革），コアとなる製品・製造技術を除いて積極的にパートナーに対して技術を移転し，生産委託さらには研究開発委託を拡大して自社製品の価格競争力を究極まで高める必要がある。

一方，将来の需要のボリューム・ゾーンを見据えて，世界中の未開拓な市場・需要者層を相手に，仮説とストーリーに基づいて革新的なビジネス・モデルあるいは製品を投入して市場そのものを新たに創出・開拓することも必要となる。

(2) 製品とバリューチェーン活動の標準化に向けた変革

世界市場全体を相手にして，スケール・メリットを究極まで追求するビジネス・モデルへの転換のキーワードは，以下のとおりである。

- 多極化・多様化する顧客ニーズをいかに的確かつタイムリーに見極め，
- 各セグメントの顕在化した，あるいは潜在的な顧客ニーズを睨んで，製品機能・デザイン等の製品スペックの不要な価値を絞り込んで標準化し，
- 企業のバリューチェーン活動を最適化・標準化することにより，
- 総合的な製品・サービスの価格競争力を高めること。

製品設計の標準化に関しては，全世界最適の視点から製品群の世界標準プラットフォームを設計し，各セグメントの顧客ニーズにあわせて差別化すべきパーツをアド・オンして製品を仕上げるアプローチをとり，個別製品の最適から製品群の世界最適への転換を図る必要がある。

　製品品質と価格競争力の面で従来わが国企業の競争力の源泉であった現場改善に基づく製品・製造技術の標準化を超えて，全世界視点での営業・マーケティング，R&D，サプライチェーン，ロジスティックスといった企業のバリューチェーンの諸活動（オペレーション）全体を最適化・標準化する必要がある。

　わが国企業においても一部の産業においては，長い海外進出の歴史の過程で，日本本社の流儀・作法の現地化を定着させる段階を経て，漸くグローバル製品と最適化・標準化されたグローバル・オペレーション体制を構築することによって，世界の主要マーケットにおいて高いシェアを維持している企業もあるが，これらの企業群ですら，進出の歴史の浅い新興国では苦戦を強いられている。その他大多数の企業においては，現地化を定着させるだけで手一杯，あるいは海外事業は現地に派遣した日本人幹部に任せきりで日本本社からは放任状態であり，最適化・標準化にはほど遠いというのが実情ではないだろうか。

(3) トップ・ダウン経営への変革

　製品設計とバリューチェーン活動の全体変革を，従来の現場主導のボトム・アップ（日本式経営の場合は，正確には質・量ともに層の厚い中間管理職を起点にしたミドル・アップ・アンド・ダウン方式であるが）によって成し遂げることは不可能であり，経営トップの強いコミットメントによるトップ・ダウンでの対応が必要となる。また，常に変化する市場と競合企業群を相手にする以上，変革は一時的なものではすまないので，トップ・ダウンによる経営スタイルとそれに親和する組織体制を常態として確立し，企業文化・風土として根付かせるような抜本的な変革を余儀なくされると理解すべ

きである。

　ボトム・アップ経営による部門の個別最適をもたらす経営スタイルは，従来型のハイ・エンド製品を狙うビジネス・モデルには親和するものであったといえるが，多極化時代のビジネス・モデルとしては，変化する環境に呼応して常に全体最適が保てるように組織間のセクショナリズムを排除すべく，トップ・ダウン経営に移行する必要がある。

(4) 本社機能の変革

　予算編成に関して，一般的にわが国の企業は事業計画と予算の編成にはかなりの工数を割きながらも，事業計画および予算の実行計画への落とし込みと，期中段階での測定・評価，改善アクションの実行と予算補正のPDCAサイクルには工数が費やされていない場合が多い。対して欧米企業においては，実行計画目標指標および達成指標であるKGI（Key Goal Indicator）およびKPI（Key Performance Indicator）と計画実行に付随して想定されるリスクの指標であるKRI（Key Risk Indicator）を厳選して設定し，各業務単位の活動レベルに落とし込み，KPIおよびKRIに対する成果・リスクを評価・測定するシステムが構築・運用されている。

　これに対して，多くのわが国企業では，ボトム・アップで自立的に運営される各オペレーションの成果・業績を個別に評価する必要から，事業計画および予算とKPIとの関連性が不明確となり，KPIが必要以上に膨大かつ曖昧に設定されていることから，設定後のパフォーマンスの測定・評価が不十分にとどまる傾向がある。さらに，報酬制度との関連づけの曖昧さも特徴といえる。KRIに関しては，明示的に取り上げられることは多くないと思われる。

　本来，本社経営企画あるいは経理管理機能は，事業計画・予算の策定とKPIの設定・展開，そしてそのモニタリングの元締めとしての役割を負う。そして本社リスク管理機能は設定された事業計画・予算の下で，KRIの設定・展開，そしてそのモニタリングの元締めとしての役割を負う。本社経理，法務，総務および人事等の本社コーポレート・スタッフ機能，あるいは地域

統括会社（RHQ：Regional Headquarter）は，それぞれの専門的機能の領域で，本社経営企画機能およびリスク管理機能をサポートし，ライン機能をサポートする役割を負う。しかしながら，欧米企業と対比した場合，わが国企業において，これらの本社機能が強力に機能しているとは言い難い状況である。

海外子会社の事業運営に目を向ければ，わが国の企業の場合，グローバル企業といえども，本社は連結決算目的で海外関係会社群の財務会計数値と若干の管理会計数値を収集・分析するにとどまっているケースも珍しくない。本社の各機能は海外関係会社に対して，極端な場合は放任主義ないしは管理不行き届きの状態であり，多くの場合，本社機能として現業部門に対するサポートが不十分な状態と思われる。かつては，ボトム・アップによる多様なオペレーションの調整機能を果たしてきた日本の本社機能が，低成長時代に入ってもボトム・アップのオペレーションを維持したままで，リストラによって人的資源の量と質およびそのサービス・レベルを削ぎ落としてきた歴史的経緯の必然ともいえる。

参考

KPIとKRI

BI（ビジネス・インテリジェンス）の領域における新しい考え方に，CPM（コーポレート・パフォーマンス・マネジメント）があるが，これはビジネス・インテリジェンス系のシステムを構築して，部署や個人の業績（パフォーマンス）の常時監視を行い，企業経営に役立てようというものであり，個別の業績をBSC（バランスド・スコア・カード）などのフレームワークによって集計・集約し，ビジネス戦略・目標が達成できているかを測定・検証するシステムである。CPMにおいては，CSF（クリティカル・サクセス・ファクター）つまり経営戦略やITガバナンスなどを計画的に実施する際，その目標・目的を達成するうえで決定的な影響を与える要因をビジネスの成否に大きな関係をもつマネジメント上の重点管理項目として設定することが必須となる。

換言すれば，CSFは経営戦略を実行するうえで，何をすればよいのかを明示するものであり，その分析・決定は重要な意味をもつ。マネジメントシステムにおいてCSFは，戦略／戦術レベル，全社／部門／個人と段階・レベルを追って策定され，最終的にはより具体的・定量的なKGI（重要目標達成指標），KPI（重要業績評価指標）にまで落とし込まれる。

CSFという考え方はバランスド・スコアカードやCOBIT，ITCプロセスガイドラインなどにも取り入れられている。KFS（key factor for success）／KSF（key success factor）なども，ほぼ同義語で，シックスシグマのCTQ（critical to quality），TOC（theory of constraints）のボトルネックなどとも共通する面がある。

KGIは，企業目標やビジネス戦略を実現するために設定した具体的な業務プロセスをモニタリングする指標の1つで，何をもって成果とするかを定量的に定めたものであり，業務プロセスにおける目標（ゴール）と，それが達成されたか否かを評価するための評価基準である。その中間的数値指標としてKPIと対で利用されることが多い。KPIは企業目標やビジネス戦略を実現するために設定した具体的な業務プロセスをモニタリングするために設定される指標（業績評価指標：Performance indicators）のうち，とくに重要なものを指す。

KRI（重要リスク指標）は企業が目標の達成に向けて活動を行うことに付随して想定されるさまざまなビジネス・リスクを指標化したもののうちとくに重要なリスク指標をいい，KGIとはコインの裏と表の関係にある。KRIはKPIと同内容で設定されることが少なくないと考えられるが，KPIとは異なる内容で設定されることも想定し得ることから，本書ではKPIとKRIを企業経営管理上の重要モニタリング指標として位置づけている。

BSCは，「財務の視点（過去）」「顧客の視点（外部）」「内部業務プロセスの視点（内部）」「イノベーションと学習の視点（将来）」の"4つの視点"を用いて，企業戦略に適合した個人や部門ごとの個別のCSF，KGI，KPIを設定し，PDCAサイクルを回し，モニタリングすることによって，社内のプロセス改善や各個人のスキルアップを促し，企業変革を推進するという形をと

る。❷で紹介するリスク・アプローチに基づく会計監査におけるビジネス・リスク評価のためのフレームワークであるBAF（ビジネス・アナリシス・フレームワーク）はBSCの手法を取り入れている。

(5) トップ・ダウン経営と本社機能の変革を支えるITインフラへの変革

　1990年代に欧米の企業群を中心に，BPR（Business Process Reengineering）の動きとあわせてITプラットフォームのERP（Enterprise Resource Planning）化が流行した。この動きは，当時，欧米企業がトップ・ダウンによるグローバル・オペレーションの標準化と最適化によって，あるいはM&Aの手段によって，グローバル競争への経営対応を加速させていたことの象徴とも考えられる。

　わが国の製造企業でも同様にSAPやOracleといったERPパッケージをITプラットフォームにしたBPRとERP化がブームとなったが，大方の日本企業は，ERPを導入したものの，既存のオペレーション（それも，製品ライン間，部門間，あるいは拠点間で標準化されていないオペレーション）にあわせてERPを大幅にカスタマイズないしはアド・オンし，BPRとはかけ離れたものになったことは周知の話である。このことは伝統的にボトム・アップによって築きあげられたわが国企業のオペレーションの仕組みを，オペレーションの標準化を狙ってトップ・ダウンで変革することの困難さを示している。ERPのカスタマイズあるいはアド・オンによってBPR本来の目的が達成できなかったばかりか，想定外のIT投資／メンテナンス・コストが発生し，また内部統制の観点からは多くの場合，ERPパッケージが用意する標準の統制を無効化した結果，逆に内部統制の脆弱性をもたらす結果となっている。

❶ ITの監査と内部監査人の役割

コラム

KPIとKRIの設定に際しての隠れた課題

　KPIやKRIの設定の第1ステップは，業務・内部統制プロセスや手続の「標準化」であるが，まずは現状の実務を可視化（見える化）してから，標準化の検討に入るのが一般的であろう。しかしながら，この方法は一種のボトム・アップの方法であり，可視化してから標準化することで結果として後々モニタリングする気力をなくすくらい膨大なKPIやKRIが設定されてしまうケースが多い。KPIやKRIの設定にあたっては，業務・内部統制プロセスや手続の標準化がまずありきで，トップ・ダウンで標準化してから，KPIやKRIを厳選設定し，その後でKPIやKRIの可視化（指標化）に取り掛かるべきである。

　また，話は変わるが，日本国内では「見える化」するのは容易な作業であるが，たとえば新興国では，「見える化」する前に，「見せてもらえる化」のステップを踏む必要がある。現地人従業員，管理職あるいは経営層から事実や本音を見せてもらえなければ，虚実の実現不能なKPIやKRIをいくら見える化したところで意味がない。日本本社と現地法人間のコミュニケーションの障害ついては多く議論されるものの，現地法人内における日本人経営層，現地人管理職と現地人ワーカー間でのコミュニケーションの障害がより根深いケースがあり（**図表1-1を参照**），ビジネスの最前線で今まさに起こっている事実や従業員の本音を収集するには，"見せてもらえる化？"という周到な前工程と努力が必要である。

　いかに現地法人のIT基盤と情報収集システムが整備されたとしても，この問題が解決されないかぎり，日本本社は現地から正確な経営上の重要な情報をタイムリーに入手できると期待してはいけない。いくらIT技術が進化し，ITによる高度なKPIとKRIのモニタリング・システム（つまりアンテナと通信網）が構築されたとしても，原始的で泥臭いが，人による現地調査での"現地，現物，現時点"での確認（つまり周波数のチューニングと通信網のメンテナンス）が基礎となるのである。また，

"人事が万事"といわれるとおり，"人"，"物"，"金"，"情報"の4大経営資源における"人"のファクターは多極化・複雑化し，変化スピードが加速化する現代企業の競争環境においては最も重視すべきもので，人事・報酬戦略，教育戦略あるいはCSR戦略（地域コミュニティー対応）を駆使してマネッジすべきものである。

図表1-1　海外事業戦略における人財管理の要点

	現地人一般従業員	現地人管理層	日本人経営層	本社
	CSRによる価値観と情報共有化	CSRによる価値観と情報共有化	CSRによる価値観と情報共有化	
現地調査による現状分析	・現地の物価上昇の影響もあり，給与水準に非常に敏感。 ・定着率が低いため，また自ら考えて行動できないため，業務のマニュアル化が必要。	・指示された事の対応はしっかりできる ・管理能力が育ってきていない ・経営情報があまり共有されていない	・日常業務に忙殺されている ・部下の経験が浅いという認識から，任せきれない ・さまざまな情報を日本人のみで掌握している	・現地の経済成長率以下の事業は「負け組」と認識すれども，思うように業績が伸びない ・現地で何が起きているのかよく見えない
	発見事項&改善活動	発見事項&改善活動	発見事項&改善活動	発見事項&改善活動
教育研修	現地人一般従業員業務マニュアル研修	現地人管理層人財育成プログラム	日本人経営者研修プログラム	本社事業部現地研修プログラム
規程制定	現地人一般従業員業務マニュアル	現地人管理層規程および手続	日本人経営者規程および手続	本社現地戦略方針および規程
	コンプライアンス経営の土台とコーポレートガバナンス体制の確立			

2. 現代企業経営における情報と情報インフラのボーダレス化

図表1-2は，グローバル化する事業の競争環境，IT技術の革新および規制環境の変化が企業戦略あるいはIT戦略に与える影響を俯瞰したものである。これらの外部環境の変化イベントはそれぞれ単独で発現するものではなく，各イベントが密接に連携して登場することを認識しておくべきである。経営管理における，SWOT分析のフレームワークに照らして考察すれば，各イベントは企業経営に対して機会（O：Opportunities）ともなれば脅威

図表1-2　経営環境とマネジメント情報システムの方向性

機会（Opportunities）	外部経営環境の変化	脅威（Threats）
財務・管理会計情報および業務系情報が企業グループ内で標準化されることにより，業務の可視化（見える化）および標準化が進み，KPIやKRIを用いた事業戦略の適合性，ビジネスの効率性，コンプライアンスおよび財務報告の信頼性を測定・モニタリングする基盤が出現する。	**IFRS with XBRL** ・IFRSでは財務会計と管理会計の統合の方向性を志向。 ・IFRSでは，企業グループ内の会計方針の統一および業界別に類似の会計方針に収斂する方向 ・XBRLは会計情報に管理会計情報および業務系情報を紐づけて投資家に有用な情報を公開	投資家に公開する財務情報の質・量の拡大によって，財務報告の信頼性と透明性に関する企業側の社会的責任が増大する。
情報処理・管理コストを低減し，経営情報提供の機動性を向上し，IT戦略全体に柔軟性を与える。	クラウド	情報セキュリティに関するリスクおよび業務委託に関係するリスクが増大する。
飛躍的に利用可能な情報量を拡大し，コミュニケーション時間を短縮する。	通信/ネットワーク技術の進化	情報セキュリティに関するリスクが増大する。
BPRや業務・管理プロセスの標準化をともなえば，経営戦略の策定とその実行状況のモニタリングの効果および効率を飛躍的に改善可能。また，ITに関する維持・管理コストの低減に繋がる。	ERP化	BPRや業務・管理プロセスの標準化をともなわない場合や，レガシー・システムとの併用およびERPのモディフィケーションを多用する環境の場合には，維持・管理コストおよびシステム・リスクの増大に繋がる。

(T：Threats) にもなる。各企業は，自社の強み（S：Strength）を活かし，弱み（W：Weakness）を克服して，これらの脅威を回避あるいは対処しつつ機会を活かしていくことが企業経営戦略およびIT戦略の要諦となる。

「2. 現代企業経営における情報と情報インフラのボーダレス化」では，IFRS，XBRL，クラウド，通信・ネットワーク技術の進化およびERP化の潮流が，企業経営戦略およびIT戦略にどのような影響を及ぼすかを理解し，内部監査人に何が期待され，どう対処すべきかについて提案するものである。

(1) IFRS

IFRS（国際財務報告基準）は，わが国では2017年頃より連結財務諸表を対象に強制適用される見通しである。IFRSは各国企業の企業業績の国際間比較を可能とすることを主たる目的として設定されたものであり，したがって，各国でIFRSが導入あるいはコンバージェンスされれば，わが国企業のパフォーマンスは他国の企業のそれと比較対比され，投資家等からその競争力を評価されることになる。

比較可能性や財務報告の透明性を重視するIFRSにおいては，原則主義による基準設定がなされることから，産業あるいは業態ごとに会計処理方法や開示内容が収斂されることが予想され，その意味で企業はIFRSのもとで開示される財務数値に対する株主，投資家や規制当局等のステーク・ホルダーによる厳しいチェックを受けることが想定される。つまり，IFRSの強制適用によって，財務報告に対する信頼性と透明性に関するわが国企業の責任はよりいっそう増大するものと考えられる。

また，IFRSの特徴として，セグメント情報開示単位，有形・無形固定資産の評価単位，研究開発費に関する処理単位等について，マネジメント・アプローチが採用され，部分的にではあるにせよ財務会計と管理会計の統合が前提となることから，企業内部の管理会計情報の一部がステーク・ホルダーに対して開示されることになり，管理会計情報の信頼性についても企業は説明責任を負うことになるであろう。

❶ ITの監査と内部監査人の役割

図表1-3　IFRS導入による影響範囲

財務数値
- 売上計上額の減少
  （有償支給や販売報奨金）
- 資産・負債の増加
  （有形固定資産，無形資産，リース資産，有給休暇に対する引当金）
- 包括利益の導入
- 財務指標への影響

ビジネス
- 中長期計画の内容
  （IFRS数値に基づいた内容になる）
- 得意先や仕入先との取引・契約内容
- M&A戦略や知的財産戦略
  （IFRSを念頭に置いた事前準備）

IFRSの導入

業務プロセス
- IFRSベースのグループ会計方針・マニュアルの作成
- 財務数値に関係する業務プロセス
  （J-SOX対応を含む）
- 中長期計画の作成プロセス
- （場合によっては）経営管理のやり方

システム
- 連結システム，総勘定元帳，固定資産台帳，売上システム等の改修・再構築
  （事業部や子会社のシステムを含む）
- IFRS，現地会計基準，税務に対応するマルチ会計システムの検討
- （場合によっては）経営管理に関連するシステムの改修・再構築

　さらに，連結財務諸表を構成する企業グループ各社（重要な子会社および関連会社）は，親会社と同一の会計方針に基づく会計処理が要求されることをも踏まえれば，財務会計と管理会計の処理と手続を企業グループ内で標準化する必要もあるであろうし，さらにはそれを支える内部統制および業務手続とシステムをも標準化する必要もあるであろう。**図表1-3**はIFRS導入による影響範囲を俯瞰するものである。

(2)　XBRL（eXtensible Business Reporting Language）

　XBRLは，XMLをベースとして，各種財務報告用情報の作成・流通・利用などを効率的に行えるよう標準化（国際標準規格として）されたコンピュータ言語である。XBRLにより財務情報が電子化されることによって，財務情報の発信，伝達，利用をコンピュータやインターネット上でより効率的に行うことが可能となり，国際標準の情報インフラとして，ビジネスレポーティング（財務報告および非財務報告）等に適用されている。

日本および米国では，それぞれ財務報告情報のXBRL化を限定的に法制化しているが，IFRSを含めて国際的なXBRLの互換性を確保して利便性を向上させるための検討が，2007年10月より日本の金融庁，IFRS財団，米国SECおよびECをメンバーとして開始されている。

　IFRSの適用は，XBRLによる開示情報の電子化をともなえば，財務報告の信頼性と透明性に関する企業の責任をより増大させる可能性がある一方で，その副産物として企業の経営管理情報および内部統制プロセスの標準化・高度化等によるビジネス上の競争力の向上に資する可能性がある。

(3) クラウド

　わが国企業の海外進出が進行するなかで，コスト競争力の究極化を追求して，海外での生産委託およびパートナーとの水平分業が進展する可能性，あるいは営業・マーケティング，R&D，サプライチェーン，ロジスティックスといったオペレーション（業務）について変革する方向性については既述のとおりであるが，ITについても例外ではないと考えられる。

　現に，海外企業のなかでは，IT投資・運用コストの低減，変化スピードの速い事業環境および戦略に対する柔軟性，あるいは情報処理の24時間操業体制の確立を目指して，新興国等にITに関するグローバル本社やデータ・センターを設置する，あるいはアウトソーシング／クラウド化する事例も増加している。わが国企業においても，同様の動きあるいはクラウドの利用が増加するのは必然と考えられるが，一方でITリスク・マネジメントの観点からは，情報セキュリティ管理および障害管理が課題となる。また，ここでも，外部委託する情報処理項目・内容を絞り込んで「標準化」しておくことが重要となる。

(4) ERP化

　欧米におけるERPの普及率が7割を超えるのに対して，わが国における普及率は約4割程度といわれている。わが国においても，これまで欧米製が

❶ ITの監査と内部監査人の役割

中心であったERPパッケージに、近年では日本製のものが多数市場に登場し、また欧米製のERPパッケージがようやく日本の市場ニーズに合った機能に対応した製品を投入してきたことを背景に中堅中小企業においてもERP導入が進んでいる。Web対応や内部統制整備といったトレンドに対しても、ERP導入の有効性が認知され、日本市場におけるERPは新しいフェイズに入ったといわれており、技術面や価格面といったハードルが低くなったことに加えて、ERPシステムを企業の基幹システムのベースとしておくことで経営管理や業務管理に必要な情報を一括集中して把握し情報を活用するIT基盤として利用価値が高いことから、ERPの普及率はさらに向上するものと予想される。

ERPは「個別の業務を最適化するためのシステム」ではなく、企業全体の経営管理の視点で「すべての業務を全体最適の視点で統合管理するための

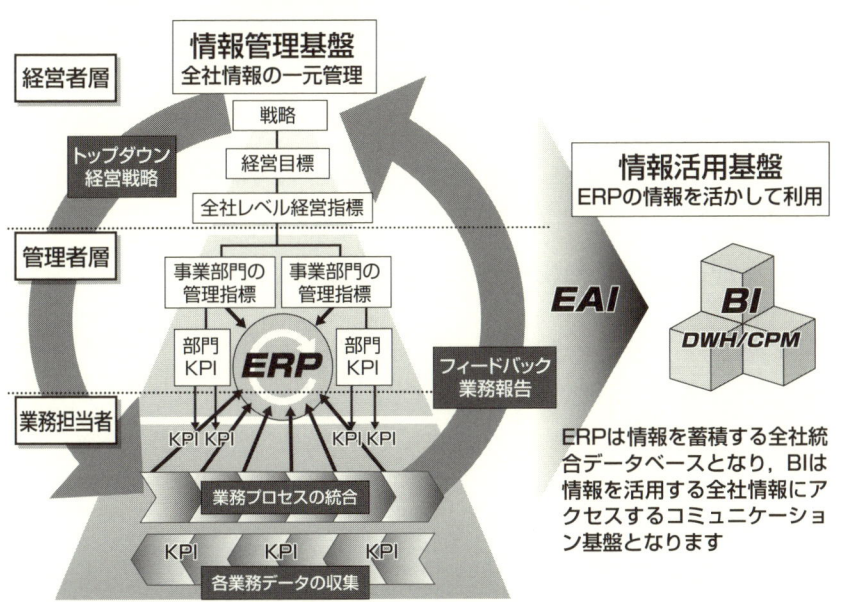

図表1-4 経営情報収集およびモニタリング手段としてのERP

出所：＠IT情報マネジメントウェブサイトより。

仕組み」であって，こうした仕組みを構築するためには業務プロセスを見直して標準化し，すべての業務，部門で1つに統合されたマスタを共有して，主要経営情報は全社で常に1つの場所で管理する"1 Fact, 1 Place"という考え方とこれを実現する大福帳型のデータベースをもつものである。したがって，ERPの導入効果として，部門間にまたがる情報の共有，全社レベルで情報を統合管理することによる経営資源の最適化，短期間，低コストでのシステム構築などが一般的にあげられる。今後ERPは，企業全体の情報を収集し活用するための基盤システムとして（**図表1-4**），わが国企業の国際競争戦略を支える基幹ITインフラとして活用されるべきである。

3. 現代の企業経営における内部監査人の使命

内部監査人協会（IIA）「内部監査の定義」によれば，「内部監査は，組織体の運営に関し価値を付加し，また改善するために行われる，独立にして，客観的なアシュアランスおよびコンサルティング活動である。」と定義されている。また，「内部監査は，組織体の目標の達成に役立つことにある。このためにリスク・マネジメント，コントロールおよびガバナンスの各プロセスの有効性の評価，改善を，内部監査の専門職として規律ある姿勢で体系的な手法をもって行う。」とされている。

(1) 内部監査組織の現状課題認識

財務報告の信頼性確保を目的とする内部統制報告制度の導入以来，内部監査人は内部統制報告制度の導入・定着に向けてコンサルティング機能を発揮し，さらにはアシュアランスの実践に尽力してきた。その結果，企業内における内部統制報告制度運用はすでに定着しつつあり，多くの内部監査組織は，その中長期の内部監査計画のなかで，伝統的なコンプライアンスおよび業務監査の領域に対して再び監査資源をシフトすること，あるいは企業価値の向上に寄与する先進的な経営（戦略）監査の領域への前進を計画している。そ

のような移行期の特徴として，なかには，今後の内部監査組織の立ち位置について模索している組織も少なからず見受けられる。

内部統制報告制度に関しては，形式的すぎる，あるいは管理を形骸化したとの一部批判もあるが，経営者ならびに関連するプロセス・オーナーをはじめとする企業内の多くの人が内部統制の目的を理解し，また財務報告に深く関連する当事者や内部監査人が内部統制および監査のフレーム・ワーク，方法論ならびに技術を習得し，さらに企業の事業環境，方針・戦略，ビジネス・モデル，商流・物流，契約体系，社内規定体系，社内組織，ITインフラ，業務フロー，システム・情報フロー等に関する幅広い知識と経験を習得したという点では，大きな成果があったものといえる。

(2) 現在の企業価値の確認とその保護を目的とする内部監査から将来の企業価値の向上を目指す内部監査へのチャレンジ

既述のとおり，わが国企業を巡る事業環境は厳しく，またダイナミックに変貌し続け，わが国企業にとっては成長に対する脅威も機会も，それぞれに大きいといえる。そのなかで，伝統的な経営スタイルを変革しきれていないことで，諸外国の競合企業群に対して，強み以上に弱点を抱えていると認識すべきかもしれない。このような環境下であればこそ，内部監査組織は，内部統制報告制度対応の実践をとおして蓄積した企業活動全般に関する知識・経験を基に，"経営に資する監査"という大義と使命に対して，その力を発揮できる絶好のチャンスであるし，またそれはステークホルダーが期待するところでもある。もはや，内部監査組織の立ち位置は明確になっているのではないだろうか。

図表1-5は，内部監査人に期待されるアシュアランスからコンサルティングへの監査の高度化対象領域を内部監査活動サイクルのフレームワークのなかで図示したものである。

図表1-5が示すとおり，アシュアランスは「現在の企業価値の確認とその保護」を目的とするものであるが，企業グループの全社を対象にし，さら

図表1-5 内部監査の高度化領域

戦略の理解	リスク評価の理解	監査計画の立案&実査	改善指導&モニタリング	品質評価
内部監査の付加価値の源泉	事業目的の理解	対象領域の理解	詳細な報告	クライアント満足度評価
使命(ミッション)と基本規程(チャーター)	年次リスク評価	アプローチの決定	整理	パフォーマンス定量評価
戦略計画	年次監査計画	企業価値の向上／企業価値の保護	監査発見事項のフォローアップ	内部監査の品質評価
経営戦略を支援するGovernance, Risk Management and Controls	リスク評価結果の更新	価値の定義／計画と範囲	経営者および監査委員会への報告	
	事業戦略	現状の評価／実施		
		問題の分析／まとめ		
		改善の提案		

将来価値の創成

効率改善／プロセス改善／財務改善

将来価値の創成を見据えたガバナンス、リスク・マネジメント、コントロールの各プロセスの有効性の評価および改善

システム開発／投資決定／新興リスク／デュー・デリジェンス

法規制／ビジネスプロセスおよびシステム／プロジェクトおよび重要契約／財務プロセスおよびシステム／資産保全／コーポレートガバナンス

現時点におけるガバナンス、リスク・マネジメント、コントロールの各プロセスの有効性の評価および改善

→ 将来の企業価値の向上を目指す内部監査（コンサルティング）

→ 現在の企業価値の確認保護を目指す内部監査（アシュアランス）

出所：PwC資料を基に作成。

に法規制へのコンプライアンス・リスク，ビジネス・プロセスおよびITに関するリスク，プロジェクトおよび重要契約に関するリスク，財務プロセス・システムに関するリスク，資産保全に関するリスクならびにコーポレート・ガバナンスに関するリスクと内部監査組織がカバーすべき領域は広い。

これが内部監査組織のあるべき組織目標であるとして，多くの内部監査人は以下の伝統的な内部監査手法の限界を自問自答するであろう。

1) 監査範囲に関する限界

「試査に基づく監査手続」は，リスク・アプローチに基づく現代監査の中核を占める方法論である。つまり"均質"な母集団を監査対象とするならば，母集団全体を精査するまでもなく，統計的なロジックでその一部を抽出して

テストすれば（つまり試査），母集団全体に関する監査要点に対して十分な心証が得られるというものである。

しかし，現実の企業活動を頭に思い浮かべた場合に，この"均質"という言葉に対して，多くの内部監査人は絶対的な自信がもてないのではないだろうか。試査が前提として要求する均質とは，企業活動を巡るリスクが類型化・標準化され，プロセスおよびオペレーションが標準化され，人材が一定レベルに確保され，かつ内部統制が標準化されていることである。これらの類型化・標準化こそが，まさしく現在のわが国企業固有の課題なのであるから，内部監査人が試査による監査手続によって自らが導いた監査判断・結論に一抹の（あるいは相当程度の）不安を抱くのは道理である。

監査対象範囲の決定（スコーピング）に関して，3年に一度の拠点往査のローテーション計画，テーマ監査における監査対象領域の選定，あるいはサンプリングによる取引抽出件数の合理性について十分な説明ができるほど，内部監査人は，リスク，プロセスおよびオペレーション，人材あるいは内部統制の標準化に関する心証を得られているだろうか。試査がその前提としているものは，もしかするとパンドラの箱かもしれない。

2）過去情報の監査の限界

通常内部監査は事業年度を単位として計画・実行されるものである。したがって，監査実施時点において検出する事項は半年以上も前に発生した事象であることも通常である。問題点の検出は，再発防止策の策定・実行という将来のリスク極小化のためのアクションと，そして当該発生過去事象により顕在化したリスク・損失の極小化（たとえば，従業員による資産横領事件における損失求償あるいは法令違反取引発生時における即時対応）のためのアクションのトリガーとなるが，問題点検出のタイミングが遅くなれば遅くなるほど，リスク極小化を阻害することになる。また，上述の試査による監査アプローチが前提となっている場合には，たとえば3年に一度のローテーション往査で3年前の問題が検出された場合等をイメージすれば，いかに内部

監査の役立ちが限定的なものになってしまうか容易に理解できるであろう。

(3) 経営管理上の課題（内部監査の貢献のヒント）

このように，アシュアランス機能に限定しただけでも，現状で大きなチャレンジすべき課題を抱える内部監査組織が，はたして「将来の企業価値向上のための内部監査（経営に資する内部監査）」として，企業戦略の領域つまり，事業効率，組織・プロセス効率および財務効率の向上に向けたIT戦略，投資戦略，新興リスクへの対処あるいはデュー・デリジェンス活動を対象としたコンサルティング機能をどうすれば発揮できるのかについて，以下で議論する。

図表1-6は，海外展開するわが国の企業の多くが直面する海外関係会社の管理上の課題を図示している。程度の差はあれ，国内関係会社の管理にお

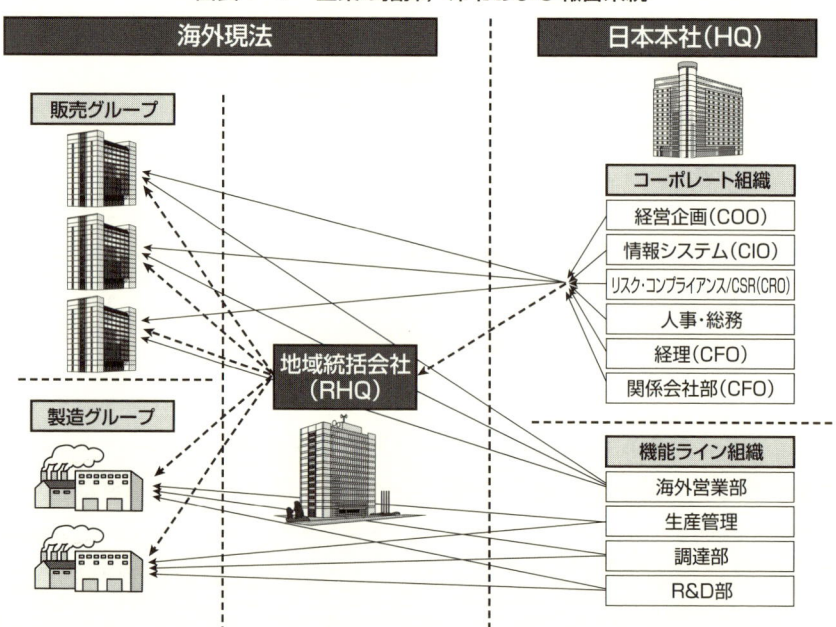

図表1-6　企業の指揮，命令および報告系統

海外現法	日本本社（HQ）
販売グループ	コーポレート組織 経営企画（COO） 情報システム（CIO） リスク・コンプライアンス/CSR（CRO） 人事・総務 経理（CFO） 関係会社部（CFO）
地域統括会社（RHQ）	
製造グループ	機能ライン組織 海外営業部 生産管理 調達部 R&D部

いても同様の課題が存在するのも現実であろう。ここで注目すべき問題は，本社と関係会社間の情報伝達経路の複雑性であり，COSOの内部統制フレームワークに照らせば情報伝達，リスク・アセスメントあるいはモニタリングに関する企業の内部環境に関するリスクである。

　日々変化する現代の事業環境化において，本社は市場のフロント・ラインからのビジネス・チャンス情報とリスク情報を正確に汲み上げて速やかに解析し，対応策を策定することを求められる。また本社で策定された戦略や方針は正確かつ速やかにフロント・ラインに指示・展開され実行されなければならない。さらに本社はフロント・ラインの業務実行状況を事業戦略と方針に照らしてモニタリングし，速やかに次のアクションに展開しなければならない。

　機能別組織制を採用している企業においては，現地での製造や販売に関するライン情報は本社の機能組織である営業，製造（管理），調達あるいは研究開発といった組織との間で主として交換され，一方で経理情報，リスク・コンプライアンス情報，人事情報，ITオペレーションに関する情報は所管する本社のコーポレート機能との間で主として交換される建前となっている。しかしながら，現実は本社組織で情報の収集がタイムリーかつ正確に実行できていないのが実情である。事業部ないしは社内カンパニー制を採用する企業においては，より情報ルートは複雑化する。昨今では，地域統括会社を設立し，そこに情報を集中させる管理方式への転換を図っている企業もみられるが，逆に情報ルートが複雑化してしまっている事例も少なからずみられる。この原因としては，繰り返しになるが，以下のようなことなどが考えられる。

- そもそも，グループ内の同一の業態・機能に属する企業間ですらオペレーションの標準化ができていない。
- オペレーションが標準化できていないことにも起因して，グループ内の同一の業態・機能に属する企業間で統一の標準化されたKPIやKRIが設定されておらず，本社機能側で集約処理しきれない。

- KPIやKRIが膨大で，かつ事業戦略との関連が不明確で，本社機能がその後のアクションに展開できない。
- KPIやKRIの収集，分析およびアクションに関して，本社あるいは地域統括会社と関係会社間，ならびに各本社機能部門間の役割分担と報告，指揮，命令のプロトコルが最適化・標準化されていない。
- 部門・個人レベルに展開されたKPIおよびKRIが個人の業績評価・報酬プログラムに明確に連動しておらず，業務活動改善のドライバーとして報告者側と被報告者側の双方で重要視されていない。
- 上記を支える全社的なITインフラ（経営情報管理システム）が整備されていない。

(4) 現代の企業経営に資する内部監査実現への具体策（ITを利用した監査）

　ここまで検討してきたとおり，グローバル展開を企業の持続的成長の中核戦略とするわが国企業の現代経営における成功のKeyは，強化された本社機能が，事業の最前線における機会と脅威に関する情報をKPIおよびKRIとして厳選・設定し，進化したITインフラを利用して正確かつタイムリーに収集・解析し，速やかに最前線に対して対応アクションを指示・展開する仕組みを構築・運用することである。

　また，その前提として，業務活動および内部統制活動を最大限標準化し，KPIおよびKRIをグループ企業間で標準化したうえでIT情報化して，ERPのようなグループ共通のITプラットフォームを用いてグループ内で定型的に処理し，経営情報として一定のプロトコルで本社と関係会社間，ならびに本社の各機能部門間で伝達するインフラを構築・運用することである。

　内部監査組織は，現代のわが国企業が解決すべき上記の課題と，第3節で議論した試査による監査の限界と過去情報監査の限界という伝統的内部監査の2大課題を両睨みで，内部監査組織の今後の活動範囲を見極める必要があ

る。❸で詳説するが，筆者は"継続的監査（Continuous Auditing）システム"の開発・導入こそが，内部監査機能の向かうべき方向であると確信している。以下にその根拠を示す。

1）内部監査機能は，経営陣と本社コーポレート・スタッフ（CS）機能が抱える課題解決を強力に支援すべきである

本社コーポレート・スタッフ機能も少ないリソースのなかで，海外展開を含むビジネスの多様化に対応してフロント・ラインをサポートしていかなければならないという課題を抱えている。監査機能は，今こそ経営陣および本社コーポレート・スタッフ機能が抱える下記の課題の解決を支援することで，内部監査機能の役立ちをデモンストレーション（社内営業）していくべきである。

① KPIとKRIの設定

本社CS機能が，各機能あるいは拠点の経験者で固められているのであればまだしも，企業グループ内の全機能あるいは全拠点の外部事業環境や内部環境を理解したうえで質・量ともに適切なKPIおよびKRIを設定できるだけの十分な知見を具備しているケースは稀であろう。ましてや，全社レベルでオペレーションが標準化されていないわが国企業においては，いっそう困難な課題である。これに対して，内部監査機能は，過去の監査経験をとおして一定の知見を組織的に（あるいは個人の経験と勘として）蓄積しているはずであり，KPIとKRIの設定に関して本社CS機能に対して有用なコンサルティングを提供できる。

② リスク・マネジメントのフレームワーク，メソドロジー，技術およびツール

通常，本社CS機能は，ビジネス・リスクの識別とリスクに対処するコントロールの有効性評価（監査）に関するフレームワーク，メソドロジー，技

術およびツールに関する専門家組織ではない。

　一方，内部監査機能はこれらリスク・マネジメントに関する専門家組織であり，知見を蓄積しており，本社CS機能に対してKPIとKRIの識別・設定，モニタリングおよび対処方法（コントロール）に関して有用なコンサルティングを提供できる。

③ 企業グループ横断的なKPI/KRI情報の収集，モニタリングおよび対処のプロトコル設定

　本社CS機能が，本社と関係会社間あるいはライン組織とコーポレート・スタッフ間で組織横断的に複雑に交錯して伝送される経営情報の収集経路を最適化するには，機能別専門組織としての組織的限界と現状経路に関する知見の面での限界がある。内部監査機能は，過去の監査経験をとおして一定の知見を蓄積しているはずであり，COO，CFO，CIOおよびCRO等のExecutive Officerに対して，有用なコンサルティングを提供できる。

④ 本社IT部門，事業部およびその他CS部門による継続的モニタリング・システム）の設計構築

　KPIおよびKRIが設定され，企業グループ横断的な経営情報の収集とモニタリングのプロトコルが設定されたとして，それをフロント・ラインから収集し，モニタリングし，対応アクションを指示するITシステム，いわゆる"継続的モニタリング・システム"を構築しなければ意味がない。

　しかしながら，企業グループ内での全体最適確保の観点と客観性・独立性の観点から，本社IT部門とユーザ部門である事業部あるいは本社CS部門だけで当該システムを開発設計するには限界がある。

　内部監査機能は，現状のIT環境を理解しており，ITリスク（ITリスク自体がKPIやKRIとなるし，またデジタル情報化されたKPI/KRIのインテグリティ，可用性および信頼性を毀損するリスクもITリスクである）とIT統制に関する知見を蓄積していることから，当該システムの設計部門である本

社IT部門およびユーザ部門である事業部あるいはその他の本社CS部門に対して，有用なコンサルティングを提供できる。

2）今や，内部監査機能はITの利用により伝統的内部監査の限界ともいえる2大課題に対処できる

かつて財務会計データと若干の管理会計データのみがデジタル化された情報として保有されていた時代においては，デジタル情報だけでは企業活動全体を監査することは不可能であった。しかしながら，現代企業においては，財務会計データはもちろん管理会計データのIT化が進み，ERP化等による情報管理基盤の一元化によってBI（ビジネス・インテリジェンス）等の情報活用・コミュニケーション基盤が整備されたことによって，企業活動情報の大部分がIT化されているといっても過言ではないと思われる。

このような企業情報システム環境下においては，統制環境等の一部の定性的な情報を直接評価する必要がある場合には限界はあるものの，デジタル化された企業活動情報を直接的・実証的にテストするデータ・アシュアランスの監査アプローチを採用することが可能になっている。PCの処理能力も過去とは比較にならないほど高機能化しデータ解析ソフトウェアも洗練されているので，今や軽装備でデータ・アシュアランスを実行できるのである。試査による監査に代えて，データ・アシュアランスのアプローチをとるならば，監査カバレッジの問題は解決できるし，過去情報の監査から脱却して，月次，週次，日次，究極的にはリアル・タイムな監査も実現できる。

(5) 継続的モニタリング・システムと継続的監査システム

以上,「全社レベルでのオペレーションの標準化とITシステムの標準化（ERP化）」⇒「質・量ともに適切なKPIおよびKRIの設定」⇒「企業グループ組織横断的な経営情報収集・モニタリングのプロトコルの設定」⇒「フロント・ラインからKPIおよびKRI収集，モニタリング，対応アクションを指令する経営執行側の"継続的モニタリング・システム"の開発・導入」

の全プロセスにおいて，内部監査機能は知見および客観性・独立性の観点から中心的な役割を果たすことができるし，その実現に向けて努力（社内営業）すべきであることを議論した。

　継続的モニタリング・システムが導入されれば，内部監査機能は，継続的モニタリング・システムと同様のデータ・アシュアランスの手法である継続的監査によってこの継続的モニタリング・システムを監査対象として評価・検証することで，限られた内部監査資源の枠内で，伝統的な監査の２大課題である監査範囲の拡大とリアル・タイム監査を実現できるのである。もちろん，継続的監査は継続的モニタリング・システムの存在を前提としないが，その場合，内部監査機能が企業活動の全領域を継続的監査システムでカバーする必要があり，いかにシステム化によって省力化された監査手法であるとしても，膨大な監査工数を要することになり現実的ではない。すなわち，経営執行側の継続的モニタリング・システム構築に尽力し，内部監査側の継続的監査システムと併存させることこそが，経営に資する内部監査の理想形といえる。

　しかし，そうはいっても，継続的監査システム／モニタリング・システムは一朝一夕に確立できるものではなく，またそれが故に企業組織が自らのイニシアティブで確立に向けたアクションをとり始めることを現実的には想像し難い。そうなると，内部監査組織がとるべき作戦・手段としては，まず手始めに，継続的監査のアドホック版とでもいうべきCAAT（コンピュータ利用監査技法）を限定された領域で導入し，"データに基づく説得力ある監査結果データ"というCAATの武器を活用して，オペレーションの効果・効率性（攻めの経営情報）とリスク・コントロール（守りの経営情報）の両面から，経営に資する情報をタイムリーに本社CS機能，事業部そしてCOO，CFO，CIOおよびCRO等のExecutive Officerに対して提供することにより，彼等を啓蒙することからスタートするのが有効である。そのためのヒントは，❸「CAATと継続的監査」で紹介する。

コラム

外見はグローバル企業，中身は日本企業

　最近，日本本社サイドと現地サイドの双方で，わが国企業の海外事業展開の実情について，半ば雑談で会話する場面が増えている。事情は，企業ごとに異なるものの，類似する状況を聞くことは少なくない。以下，日本本社側での類似する内容の会話である。

- 当社の中国進出もいよいよ本格的に第3世代に突入した。第1世代は製造コスト削減を目指しての，恐る恐るの進出，第2世代は生産を本格的にシフトした時代，第3世代は販売を狙って，これから本腰を入れて事業の現地化に向けたアクションをとる予定である。
- 某国メーカーあるいは日本の競合先が中国での部品現地調達を加速しているなかで，当社グループの対応スピードは遅いのではないか。
- 20年前は後発であった某国メーカーに，今や全世界販売シェアで10倍以上の差をつけられている。まだ数倍のシェア差ならなんとかなるが，10倍以上の差になると，もはや挽回できない。
- 当社もグローバル企業と呼ばれて久しいが，競合某国企業が製品デザイン組織を千人規模で，それもグローバル組織として運営しているのに対して，当社は日本本社に数十名の人員（うちグローバル・デザイン担当が十名程度）で対応しており，製品デザインのグローバル対応という点でかなり差がある。
- 将来的にタイと中国の現製造拠点の選択と集中を考え始めているが，判断に必要な情報が社内で入手できない。
- 現地サプライヤーと提携して，Out-InおよびOut-Outの商流・物流へのシフトによって価格競争力を付けたいが，企業グループ・レベルでの情報収集能力が不足している。
- 現地の売上が低迷していることは認識しているが，当社製品の品質に関する悪い噂があることは初耳である。
- 約70社ある現地子会社群の特定の管理業務を現在東京本社直轄で実施している。現地地域統括会社に移管して管理の実効性を高めたいが，統括会社に予算を付けてもらわないと，機能しない。
- 現地パートナーがIPOを検討している様子であり，付き合い方に注意する必要が出てきた。
- 現地大手食品メーカーをパートナーに選んだが，失敗だったと感じている。
- 現地の法制度はかなり整備されてきたと認識しているが，やはり運用面での各

種の問題をマネッジするのは難しい。

以上の会話をとおして感じた疑問は以下のとおりである。
- 海外進出前に進出目的を明確にして，十分かつ迅速な情報収集と明確な競争戦略をもって海外投資を行っているか？
- 本社機能の意思決定の質とスピードを高めるために，現地から本社に提供される情報の量，質，スピードは十分か？　本社の問題認識力と決断力は十分か？
- 地域統括会社に本来の機能を発揮させるべく十分な投資ができているか？
- 事業部間，グループ会社間で情報共有あるいは業務のアライメントがなされているか？
- 重要構造が多極化するグローバル・マーケットの需要構造に対して，グローバル組織として対応できているか？　グローバル人材（現地採用，現地人の本社採用，日本人人材の育成）の採用・育成に十分な投資ができているか？

続いて，以下は逆に現地法人側での反応である。
- 本社側の販売価格決定・対応スピードが遅い。
- より多くの製品および技術を現地に導入してほしい。
- 中間管理職経由の誤認識が少なくなるよう，経営層と直接コミュニケーションの機会を増やしてほしい。
- 本社から営業，技術者等より多くの関係者が現地に来て，現状および発展を実感してほしい。
- 日本と現地の差異で，本社が現地のビジネス現状を理解し納得できないところが存在している。とくに政府または国営企業との交渉の難しさや販売および購買のリベート。
- 会社の短期的，長期的な目標を現地社員と共有してほしい。
- 現地の現地人社員を信頼し，彼らの才能を十分発揮できる会社の仕組みを作ってほしい。
- 新社員募集の際に会社の給与水準は他の現地欧米企業と比べて不利である。また，日本本社との給与格差についても不満がある。
- 現地スタッフのキャリアパス（管理層まで）を明確（見える化）にしてほしい。
- 会社の企業文化について，より多くのトレーニングを受けたい。たとえば日本本社へ見学に行きたい。
- クラブ活動等の福利厚生の充実による社員間コミュニケーションの強化をお願いしたい。
- 日本人管理層から協力してくれる行政の役人等に何らかの形式で感謝の気持ちを表してほしい。
- CSR活動の地域コミュニティへの公表をお願いしたい。
- 各事業部独自でビジネスを展開するのは資源の重複利用および浪費になりやす

いため，地域統括会社（RHQ）に資源の統合を実現してほしい。

同じく，以上の会話をとおして感じた疑問は以下のとおりである。
- 現地から本社に提供される情報の量，質，スピードは十分か？
- 本社の問題認識力と決断力は十分か？
- 現地化に向けて，現地法人内のコミュニケーションの量，質，スピードは十分か？　現地管理職の問題認識力と決断力は十分か？
- 現地化に向けて，多様化する現地従業員・管理職の欲求に対して報酬プログラムやその他のインセンティブ（技術移転，本社ビジョンの共有，地域コミュニティーへの貢献等）による応答は十分か？
- 現地化の手段として地域統括会社への権限移譲は現地従業員からも支持される方向性であるが，地域統括会社に本来の機能を発揮させるべく十分な投資ができているか？

❷ 国際競争時代のわが国企業の経営に資するITの監査

❶では，国際競争時代のわが国企業の経営における内部監査機能の使命として，ITの監査のうち事業戦略およびIT戦略とそのリスクの理解に基づく"ITを利用した監査（IT利用監査）"の重要性について議論し，IT利用監査こそが監査人のアシュアランス機能の強化とコンサルティング機能の強化の両立による経営に資する監査への原動力であることを解説した。

❷においては，ITの監査のうちIT戦略とITリスクへの対処に焦点を当てた"ITを対象とする監査（IT監査）"をテーマとして，まずは，内部監査機能の役割の中核としてのアシュアランス機能の理解とその骨格となるリスク・アプローチについて整理する。

なお，本「内部監査実務シリーズ」の第1分冊『内部監査の基礎知識』において，内部監査の基本アプローチ全般を包括的かつ体系的に解説しているので，ぜひご参照いただきたい。

1. IT監査におけるリスク・アプローチの浸透状況

IT監査は，従来，わが国の監査実務においては，「システム監査」という名称で呼称されてきたが，最近では，IT監査と呼ばれることが多くなってきている。IT監査は内部監査の一領域として，当然にリスク・アプローチがそのバックボーンとなっている。しかしながら，以下の①から⑤を理由として，リスク・アプローチに基づくIT監査は，その運用までを考慮すれば，わが国においては監査制度としては未だ完全に定着していないのではないかと危惧される。

① 長い歴史を経てそのリスク・アプローチに基づく監査アプローチの体系を構築してきた財務諸表監査（以下「会計監査」という）と比較するとその歴史が浅いこと
② 財務報告の信頼性という企業活動の一部（今や財務関連情報が企業活動の大部分をカバーするにしても）を監査目的とし定量化された財務諸表を

監査対象とする会計監査と比べて，ITガバナンスの管理目的とIT監査の監査目的が，ステーク・ホールダーの関心の多様性に加えて定性的な対象物を管理・監査対象とする性質に起因して，管理・監査範囲が広範かつ定性的であり，捉えづらいこと
③ その結果として，ITリスクの識別・評価と，それへの対応としてのITガバナンス，リスク・マネジメントおよびコントロールの理想形をロジカルに体系化することが困難であったこと
④ 監査手続と監査証拠収集に関するメソドロジーの確立，定着が十分でなかったこと
⑤ CEO，CIOおよびCROを含む経営陣および被監査部門のIT監査に関する理解と監査人側の理解の不足等

また，IT監査は，J-SOXにおける財務報告に係る内部統制監査の一環での「ITへの対応」に関する監査，伝統的にシステム監査と称されてきたITガバナンス，リスク・マネジメントおよびコントロールの監査および情報セキュリティ監査等の各種目的での監査が実施され，IT監査あるいは管理に関して，さまざまな法令，基準，フレームワークおよびツール等が複数の規制機関・団体から発行され，制度として運用されている（**図表2-1**）。このように，同じITを対象とする監査とはいえ，基準等間で用語法，フレームワーク，メソドロジー，アプローチ，管理目標や管理手続等が統一されていないことも，ITの専門家以外の内部監査人にとってはアレルギーを感じる1つの理由ではないだろうか。

また，昨今のIT監査のニーズの高まりを示すものと考えられるが，2011年3月現在でIIAが公開しているPractice GuidesのうちITに関するPractice Guidesが数多く公開されている。

図表2-1　IT監査および管理の基準等の例示

基準等名称	発行体	基準等の概要	URL
PCAOB監査基準第5号	PCAOB	米国における財務報告に係る内部統制監査を含む財務諸表監査の基準	http://pcaobus.org/Pages/default.aspx
COSO内部統制フレームワーク	トレッドウェイ委員会組織委員会/Committee of Sponsoring Organizations of the Treadway Commission	内部統制全般	
財務報告に係る内部統制の評価及び監査の基準並びに財務報告に係る内部統制の評価及び監査に関する実施基準	金融庁企業会計審議会	金融商品取引法における財務報告に係る内部統制監査	http://www.fsa.go.jp/singi/singi_kigyou/top_tousin.html
COBIT	情報システムコントロール協会(ISACA)	ITガバナンス、リスク・マネジメントおよびコントロールに関するフレームワークとツールを提供	http://www.isaca.org/Knowledge-Center/cobit/Pages/Downloads.aspx
ITIL	英国商務省	ITサービス管理・運用規則に関するベストプラクティスをまとめた一連のガイドブック	
システム管理基準	経済産業省	IT管理	http://www.meti.go.jp/policy/netsecurity/new_systemauditG.html
システム管理基準追補版	経済産業省	財務報告に係る内部統制におけるIT統制	http://www.meti.go.jp/press/20070330002/systemkijun-tsuiho.pdf

基準等名称	発行体	基準等の概要	URL
システム監査基準	経済産業省	IT監査	http://www.meti.go.jp/policy/netsecurity/new_systemauditG.html
情報セキュリティ監査基準	経済産業省	情報セキュリティ監査	http://www.meti.go.jp/policy/netsecurity/new_systemauditG.html
情報セキュリティ管理基準	経済産業省	情報セキュリティ管理	http://www.meti.go.jp/policy/netsecurity/new_systemauditG.html
金融検査マニュアル	金融庁	「金融検査に関する基本指針（金検第369号）」（平成17年7月1日）に基づく金融検査のマニュアル	http://www.fsa.go.jp/common/law/index.html
システム監査指針	FISC/（財）金融情報システムセンター	昭和62年7月に発刊された金融機関等のシステム監査導入と推進のための手引き。平成19年3月の改訂では，個人情報保護法や金融商品取引法等の変更，ATM取引やインターネットバンキング等の不正取引への対応，外部委託や共同センター利用の進展等の金融機関の情報システム運営をめぐる変化や，経営陣が責任をもつITガバナンスやCOSO-ERM等の最新の考え方が盛り込まれている。	http://www.fisc.or.jp/publication/?=1302932966

基準等名称	発行体	基準等の概要	URL
IT委員会報告第3号	日本公認会計士協会（JICPA）	財務諸表監査における情報技術（IT）を利用した情報システムに関する重要な虚偽表示リスクの評価および評価したリスクに対応した監査人の手続についての指針	http://www.hp.jicpa.or.jp/specialized_field/index.html
IT委員会研究報告第31号	日本公認会計士協会（JICPA）	IT委員会報告第3号のQ&A	同上
IT委員会研究報告第35号	日本公認会計士協会（JICPA）	ITに係る内部統制の枠組み～自動化された業務処理統制等と全般統制～	同上
IT委員会研究報告第36号	日本公認会計士協会（JICPA）	自動化された業務処理統制等に関する評価手続	同上
IT委員会報告第5号	日本公認会計士協会（JICPA）	ITに係る保証業務等の実務指針（一般指針）	同上
IT委員会研究報告第36号	日本公認会計士協会（JICPA）	「情報セキュリティ管理基準（平成20年改訂版）」を参考にして，IT委員会報告第5号に従って公認会計士等が検証を行う場合の留意事項	同上
監査基準委員会報告書第18号（中間報告）	日本公認会計士協会（JICPA）	委託業務に係る統制リスクの評価基準	同上
SSAE16 ISAE3402	米国公認会計士協会（AICPA） 国際会計士連盟（IFAC）	アウトソーシングサービスなどの委託業務に関する内部統制を評価するための保証基準	

2. 内部統制監査およびIT監査におけるフレームワークの重要性

　会計監査に関連して近年各国で制度化された財務報告に係る内部統制の監査制度の登場では，リスク・アプローチに基づく内部統制監査のフレームワークおよび方法論と技術は体系化され，確立された感がある。リスク・アプ

ローチの体系化は，長い会計監査の歴史の結果として，あるいは定量化された財務諸表の適正性・信頼性およびそれを担保する内部統制の有効性を検証するという監査対象・目的の特徴によって実現されたものである。

それに対して，財務報告以外の各種目的でのIT監査においては，たとえばIT戦略への適合性あるいはIT情報の可用性といった定性的な統制目標（裏返していえばリスク）を監査目的とする監査を想定すれば，汎用的でかつ管理・監査実務への適用の容易さを併せ持つ方法論や技術を開発するのは容易ではないと想像できる。

思考する対象物が，広範かつ抽象的であればあるほど，個人が思考ロジックを整理し，ブレイン・ストーミングを活性化し，関係者間で共通の議論の土俵を作りだすことで議論を進化させるためにフレームワークは不可欠なものとなる。たとえば，❷で紹介したとおり，国際財務報告基準（IFRS）が，各国の利害の衝突を想定しつつ国際的に受け入れられる唯一の会計基準を目指して，まず概念フレームワークを確立し，これをベースに原則主義に基づくIFRSの会計基準の体系を作り上げていることが，この典型例といえる。

本筋からははずれるが，企業経営に資するITの管理・監査の企業内実践の観点からは，いかに経営陣に対して現状の課題と対処方法を説得力をもって説明できるかがIT部門あるいは監査部門にとっての最終関門となるが，この際に国際的に認知されたフレームワークを利用することの効能は大きい。

そこで，IT監査においてリスク・アプローチを理解・実践するために，まずは世界的に広く認知されているITガバナンス，管理，監査に関するフレームワークを解説し，次に会計監査（財務報告に係る内部統制の監査を含む）のフレームワーク，方法論および技術を紹介する。

3. ITガバナンス，管理，監査のフレームワーク

(1) COBITを活用するメリット

　COBIT（Control Objectives for Information and related Technology）は，ITガバナンスの実践を目指す組織のIT管理で利用される国際的な規範であり，フレームワークやガイドライン，成熟度モデル，ツールセットなどの一連の資料からなり，IT投資の評価，ITのリスクとコントロールの判断，システム監査の基準などに使われる。

　COBITは，このようにITガバナンスの広範な領域を体系的にカバーするとともに，さらに他の実践的な国際な基準・規格やベストプラクティスと連携し併用が仕組まれている点で，ITガバナンスに関する包括的基準／上位基準として利用価値が高い。以下，2007年にリリースされたCOBIT4.1について概説する。

　なお，2012年4月にCOBIT 5がリリースされているが，COBIT 5では5つのプリンシプルを基盤として，7つのイネーブラーを定義し，またCOBIT4.1に対して新しいガバナンス・ドメインやいくつかの新規および改訂されたプロセスの導入，最新版のVal ITおよびRisk ITの1つのフレームワークへの整理統合，ITILなどの現在のベストプラクティスとの整合の強化などにより，事業体のITにおけるガバナンスとマネジメントについての包括的アプローチによる1つの完成した「事業体のITのガバナンス」のためのビジネスフレームワークへと進化している。

　COBITは，伝統的には現状のITコントロールの評価やリスク評価等の情報システム監査の監査計画作成などに活用されてきたが，リスク対応という視点を超えて，企業価値の創出という視点からも活用可能で活用されるべきものである。COBITでは**図表2-2**のように，ITガバナンスの5つの重点領域を示しているが，ビジネスとの整合性を意識している点が特徴といえ

❷ 国際競争時代のわが国企業の経営に資するITの監査

図表2-2　ITガバナンスに関するCOBITのフレームワーク

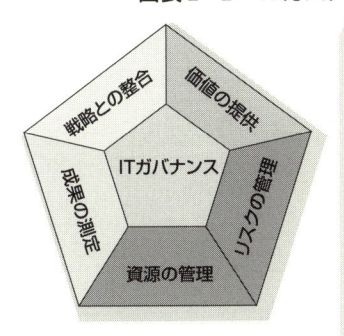

出所：日本ガバナンス協会「COBIT4.1」日本語版。

- **戦略との整合**では，ビジネス計画とIT計画とを確実に関連づけること，IT価値の提供を定義，維持，検証すること，そしてIT運営を企業運営と整合させることに焦点を当てる。
- **価値の提供**では，提供サイクルを通じて，IT価値を提供する。とくにコストを最適化し，ITの本質的な価値を引き出すことで，戦略においてITに期待される便益の創出が確実に行われるようにする。
- **資源の管理**では，重要なIT資源（アプリケーション，情報，インフラストラクチャ，要員）に対する投資の最適化と，適切な管理を対象とする。なかでも主要な問題に関連しているのは，知識とインフラストラクチャの最適化である。
- **リスクの管理**では，経営上層部がリスクを認識すること，企業のリスク傾向を明確に理解すること，（法・規制）コンプライアンス要件を理解すること，企業における重大なリスクに関する透明性，およびリスクマネジメントにおける責務を組織に組み込むことが要求される。
- **成果の測定**では，戦略の実践状況，プロジェクトの完遂状況，資源の使用状況，プロセスの成果，およびサービスの提供状況を追跡およびモニタリングする。たとえば，戦略を従来の会計を超えて測定可能な目標に置き換えるバランススコアカードの使用など。

る。つまり，単に企業のIT領域単独での成熟度ではなく，現時点での企業のビジネスの成熟度（つまり事業リスクの程度）とIT化の成熟度を測定し，それに応じて企業の便益を最大化すべくITガバナンスを改善することを意図している。そのために内部統制とも親和性の高いフレームワークとなっており，COSO統合フレームワーク等との関連性も考慮されている。

(2) COBITと他の実践規範・規格との併用の必要性

COBITは他の詳細かつ実践的なITマネジメントに関する各種の標準や基準の「傘」となるフレームワークとして活用されるべきものである。それは，COBITがITプロセスをどのように導入すればよいのかを実践的に説明する規範ではないからである。

よって，ITプロセスの実践導入にあたっては，たとえばITサービス管理・運用規則に関するベストプラクティスである英国商務局が発行したITIL（Information Technology Infrastructure Library：アイティル）とITサービス管理の構築とその品質の継続的改善に関する国際規格であるISO20000，情報セキュリティ管理の構築・品質改善に関する国際規格であるISO27001

およびISO9001といった実践規範・規格を基に，あるべきITプロセスおよびマネジメント・システムを構築・導入することになる。COBITは，導入されたITプロセスについて，ITガバナンスのフレームワークに照らして，コントロール方法と評価指標を決定する目的で，あるいは現状の成熟度レベルを測定する目的で利用されることになる。ちなみにCOBITプロセスとITILプロセスの関連性はとても強く，ITガバナンスとITサービス・マネジメントの結び付きは論理的に説明可能なものとなっている。

ITILは，英国商務局（OGC：Office of Government Commerce）が，ITサービス管理・運用規則に関する各プロセスでのベストプラクティスを調和的かつ包括的にまとめた一連のガイドブックであり，ITサービス管理を実行するうえでの業務プロセスと手法を体系的に標準化したもので，ITに関する社内規則や手順などの設定・見直しを行う際のガイドラインとして広く周知されている。ITIL（第3版）は，5つのコア書籍（下記参照），入門書・ガイドライン等の補助書籍，そしてWebサポートからなっている。

① サービス・ストラテジ（戦略策定，財務管理，サービス・ポートフォリオ管理，重要管理）
② サービス・デザイン（サービス・カタログ管理，サービス・レベル管理，キャパシティ管理，可用性管理，ITサービス継続性管理，情報セキュリティ管理，サプライヤ管理）
③ サービス・トランジション（変更管理，サービス資産および構成管理，ナレッジ管理，移行の計画立案とサポート，リリース管理および展開管理，サービスの妥当性確認およびテスト，評価）
④ サービス・オペレーション（イベント管理，インシデント管理，要求実現，問題管理，アクセス管理，サービス・デスク，技術管理，IT運用管理，アプリケーション管理）
⑤ 継続的サービス改善（7段階の改善プロセス，サービス報告，サービス測定，サービス・レベル管理）

このようにITILでは，①サービス・ストラテジで戦略・企画を制定し，②サービス・デザインでサービスを設計・開発し，③サービス・トランジションで変更・リリースを行い，④サービス・オペレーションで実行・測定し，⑤継続的サービス改善を通じてフィードバックを行い，品質を高めていくというPDCAサイクルで構成されている。

一方，ISO20000は，ISO20000-1でサービス・マネジメントの要求事項が，ISO20000-2でサービス・マネジメント実践のための規範（実践ノウハウ）が記述されており，ITサービス・マネジメント・プロセスのあるべき姿が簡潔に定義されていることから，サービス・マネジメント・プロセスの構築の段階では，ベストプラクティスとしてのITILを補完する実践規範として有用である。

また，ISO20000はそもそもITサービス・マネジメント・プロセスが適切に構築されていることを継続評価・改善するための仕組み（つまりマネジメント・サイクルとしてPDCAサイクルを組み込んだITサービス・マネジメント・システム）を構築することを要求する規格であり，プロセスの文書化による可視化と内部自己診断，審査登録機関による外部審査そしてマネジメントレビュー等を要求するものであるから，プロセスの継続改善のために，ISO20000の認証を取得することも有効である。導入したプロセスの評価および継続的改善を目指す段階においては，COBITの指標あるいは成熟度モデルの利用が有効である。

(3) COBITの発行・改訂の歴史

COBITの汎用性と他の実践規範・規格との相互補完関係を理解するために，COBITの発行と改訂の歴史を以下で概観する。

COBITは，古くは米国EDP監査人財団（EDPAF）が編集・発行したコントロール目標（control objectives）に起源をもち，EDPAFの後身である米国情報システムコントロール財団（ISACF）がこれを34のITプロセス／5つのIT資源／7つのIT基準からなるフレームワークの形に整理して，

1996年にCOBIT第1版として発行した。次に、これらのコントロール目標が適切に導入されているかどうかを評価するために、「監査ガイドライン」が開発された。

その後、1998年にツールセット等を加えた第2版が発行され、2000年には成熟度モデルの概念を導入し「マネッジメント・ガイドライン」を加え第3版が情報システムコントロール協会（ISACA）とITガバナンス協会（ITGI）から発行された。2005年末に発行された第4版では、RACIチャート、KGI、KPIといったツールも整備され、また実際の組織により適用し易くし、他のより実務的な国際規範・規格であるITIL（ITサービス管理・運用）、ISO17799（情報セキュリティ）、PMBOK・PRINCE2（プロジェクト・マネッジメント）などとの調和が図られた。さらに、2006年にITGIが公表したIT投資に関する包括的ガイドラインである「VAL IT」とも関連づけて2007年にCOBIT4.1がリリースされた後、前述のとおり2012年4月に第5版がリ

図表2-3　COSOとCOBITの関係（COBIT for SOXより抜粋）

　企業改革法と内部統制の一般的な重要性について述べた文献は多くある。しかし、この領域においてITが果たす重要な役割について述べたものはほとんどない。たとえば、同法は組織に適切な内部統制のフレームワークを選択し、実施するよう求めている。COSOの内部統制の統合的フレームワークは、同法を遵守する企業が最も広く用いるフレームワークとなった。しかし、COSOは、企業のIT統制の設計と導入をサポートするためには、多くの指針を提供しているわけではない。

　その結果、企業は全体的な財務報告の遵守プログラムの主要部分であるITに係る統制の評価のための指針を必要としている。本稿は関連するSEC、PCAOB、COSO、COBITの内容を用いてこの点をサポートすることを意図している。

　COBITは、ITのリスクと統制のガバナンスを管理する包括的なフレームワーク（枠組み）であり、4つの領域、34のITプロセスならびに215の統制目標から構成される。COBITにはITガバナンスのすべての観点に取り組む統制が含まれているが、本稿の作成には財務報告に係る重大な統制のみが用いられている。COBITは自由に利用できるフレームワークであり、用いられるすべてのフレームワークはアクセスが容易で一般的に受け入れることが可能でなければならないという企業改革法の要件の精神に沿ったものである。COBITは関連する統制とともに全社レベルおよびアクティビティレベルの目標を提供しており、COSOの補完として広く組織に用いられている。

注）米国企業改革法（SOX法）に対応するため、財務報告の信頼性に係るIT統制をまとめたCOBIT for SOXが2004年4月に公表されている。

リースされている。

なお，COBITは図表2-3のとおり，ITのリスクと統制のガバナンスを管理する包括的なフレームワークとしてCOSOを補完し，米国SOX法の定着によって広く組織に用いられている。

4. COBITのフレームワークの概要

COBITのフレームワークの効能を大胆に要約するとすれば，ビジネスの達成目標（ビジネス要件）とリスク（ガバナンス要件）を頂点として，ITサービス機能を当該目標・リスクに関連づけるべく，ITに関連するプロセス／アクティビティの実行とその実行を支える資源を，アクティビティ別に展開されたコントロール達成目標と成果測定指標に基づき，適切に管理，コントロール，モニタリングおよび監査できるようにするためのフレームワークといえる（図表2-4および2-5を参照）。

図表2-4　ビジネス達成目標を頂点としたITアクティビティとコントロールの整合性確保およびモニタリングの為のフレームワーク

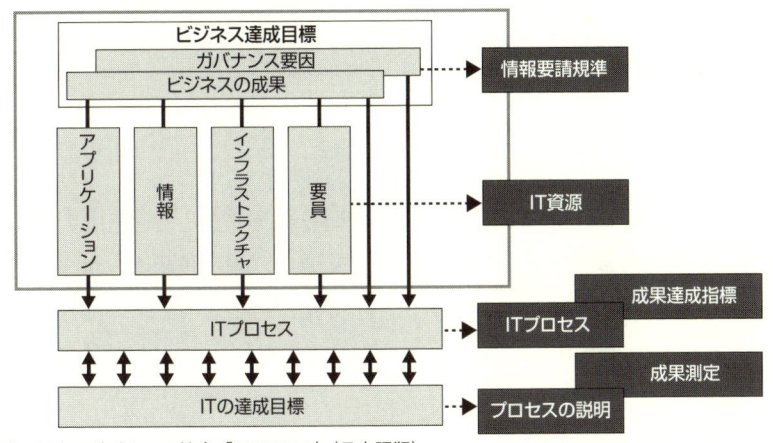

出所：日本ITガバナンス協会「COBIT4.1」（日本語版）。

図表2-5　ITのビジネス達成目標とITアーキテクチャ

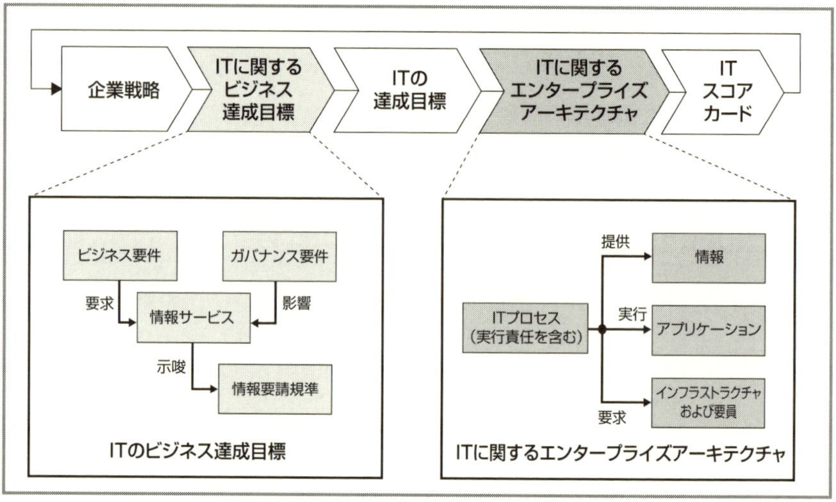

出所：日本ITガバナンス協会「COBIT4.1」日本語版。

　情報要請規準とは，ビジネスの目標を達成するには，情報が一定のコントロールと基準に従う必要があり，COBITではこの基準を情報要請規準と呼ぶ。下記のとおり品質，受託者としての責任，情報セキュリティに関する幅広い要求事項を基に以下の7つの情報要請規準（部分的に重複）が定義されている。

① 有効性
　該当するビジネスプロセスに関連する適切な情報であること，またそれらの情報がタイムリーで正確かつ矛盾がなく，使用可能な状態で提供されることを指す。

② 効率性
　情報の提供が資源の最適な（最も生産的かつ経済的な）利用により行われることを指す。

③ 機密性

機密情報を不正な開示から保護することを指す。

④ インテグリティ

情報の正確性と網羅性，およびビジネスの価値と期待に基づく情報の妥当性を指す。

⑤ 可用性

現在および将来においてビジネスプロセスで必要な情報が利用可能であることを指す。また，そのために必要な資源および関連する能力の保全も考慮する。

⑥ コンプライアンス

ビジネスプロセスが従うべき法律，規制，および契約条項の遵守，すなわち外部から課せられるビジネス基準と社内ポリシーの遵守を指す。

⑦ 信頼性

マネジメント層が企業を運営し，受託者としての責任とガバナンス責任を果たせるように，適切な情報を提供することを指す。

(1) COBITにおけるドメイン，プロセスおよびアクティビティ単位でのコントロールの体系

COBITプロセスモデルでは，**図表2-6**のように34の汎用プロセスを4つのドメイン，すなわち①計画と組織（PO: Plan and Organize），②調達と導入（AI: Acquire and Implement），③サービス提供とサポート（DS: Deliver and Support）そして④モニタリングと評価（ME: Monitoring and Evaluate）に分けて示している。

さらに各汎用プロセスは，それぞれ複数のアクティビティ（活動要素）に

図表2-6　ITライフサイクルと4つのドメイン/34の汎用プロセス

ビジネス目標

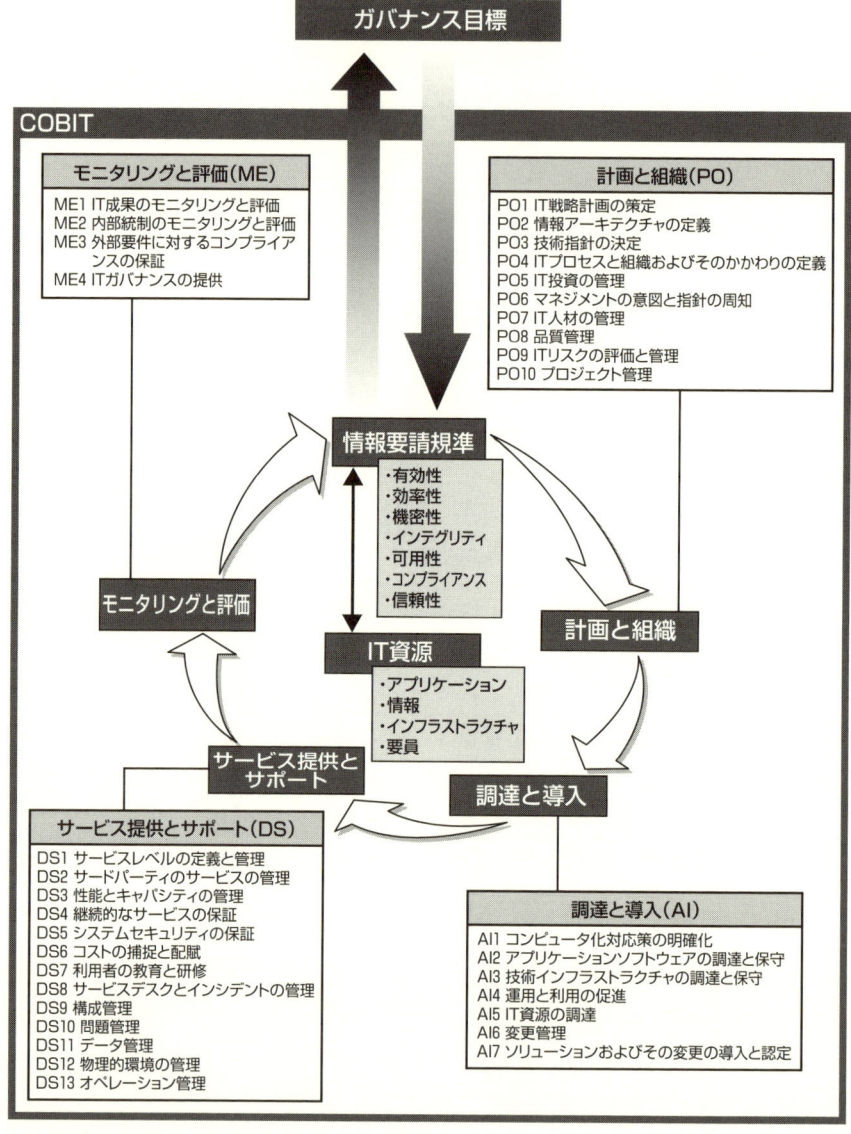

ガバナンス目標

COBIT

モニタリングと評価(ME)
- ME1 IT成果のモニタリングと評価
- ME2 内部統制のモニタリングと評価
- ME3 外部要件に対するコンプライアンスの保証
- ME4 ITガバナンスの提供

計画と組織(PO)
- PO1 IT戦略計画の策定
- PO2 情報アーキテクチャの定義
- PO3 技術指針の決定
- PO4 ITプロセスと組織およびそのかかわりの定義
- PO5 IT投資の管理
- PO6 マネジメントの意図と指針の周知
- PO7 IT人材の管理
- PO8 品質管理
- PO9 ITリスクの評価と管理
- PO10 プロジェクト管理

情報要請規準
- 有効性
- 効率性
- 機密性
- インテグリティ
- 可用性
- コンプライアンス
- 信頼性

IT資源
- アプリケーション
- 情報
- インフラストラクチャ
- 要員

モニタリングと評価

計画と組織

サービス提供とサポート

調達と導入

サービス提供とサポート(DS)
- DS1 サービスレベルの定義と管理
- DS2 サードパーティのサービスの管理
- DS3 性能とキャパシティの管理
- DS4 継続的なサービスの保証
- DS5 システムセキュリティの保証
- DS6 コストの捕捉と配賦
- DS7 利用者の教育と研修
- DS8 サービスデスクとインシデントの管理
- DS9 構成管理
- DS10 問題管理
- DS11 データ管理
- DS12 物理的環境の管理
- DS13 オペレーション管理

調達と導入(AI)
- AI1 コンピュータ化対応策の明確化
- AI2 アプリケーションソフトウェアの調達と保守
- AI3 技術インフラストラクチャの調達と保守
- AI4 運用と利用の促進
- AI5 IT資源の調達
- AI6 変更管理
- AI7 ソリューションおよびその変更の導入と認定

出所：日本ITガバナンス協会「COBIT4.1」（日本語版）。

細分化される。たとえば，PO1（IT戦略計画の策定）は，PO1・1（IT価値の管理），PO1・2（ビジネスとITの整合），PO1・3（現在の能力と成果の評価），PO1・4（IT戦略計画），PO1・5（IT実行計画）およびPO1・6（ITポートフォリオの管理）の6つのアクティビティに分解される。

そしてCOBITでは，各プロセス／アクティビティに対する「コントロール目標」，「マネジメント・ガイドライン」および「COBITの成熟度モデル」を示すことにより，そこにあてはめて考えることによって，ベストプラクティスと現状との乖離を把握できるように仕組まれている。

(2) マネジメント・ガイドライン―ITアクティビティにおけるKGIとKPI

COBITのマネジメント・ガイドラインでは，各プロセス間の作業連携・整合性（インプットとアウトプット）を示しており，また，RACIチャートによって，アクティビティ別の関与者（CEO，CFO，企業幹部，CIO，プロセス・オーナー，オペレーション責任者，設計責任者，開発責任者，IT管理責任者，PMO，リスク管理／監査責任者等）の役割を，実行責任者（R），説明責任者（A），協議先（C）および報告先（I）の区分で明示することでガバナンス組織設計上の課題への対処についても指針を与えている。

さらに，**図表2-7**の例示のとおり，ビジネスの達成目標に照らして，各ITプロセス／アクティビティごとに，IT（機能），プロセスそしてアクティビティにおける達成目標（KGI）とマネジメント層が（事後的に）把握するための測定指標（KPI）を定義している。

なお，COBITでは各測定指標は，次の特徴を考慮しながら作成されている。

- 努力に対する見識に比重をおいている（成果および目標達成と，そのために費やされる努力との比較に関する見識）
- 内部比較が可能（たとえば，基準に対する割合や長期間にわたる数値）
- 企業の規模や業界を問わず外部比較が可能

図表2-7　ビジネスとITの達成目標と成果測定指標（例示：DS5－システムセキュリティの保証）

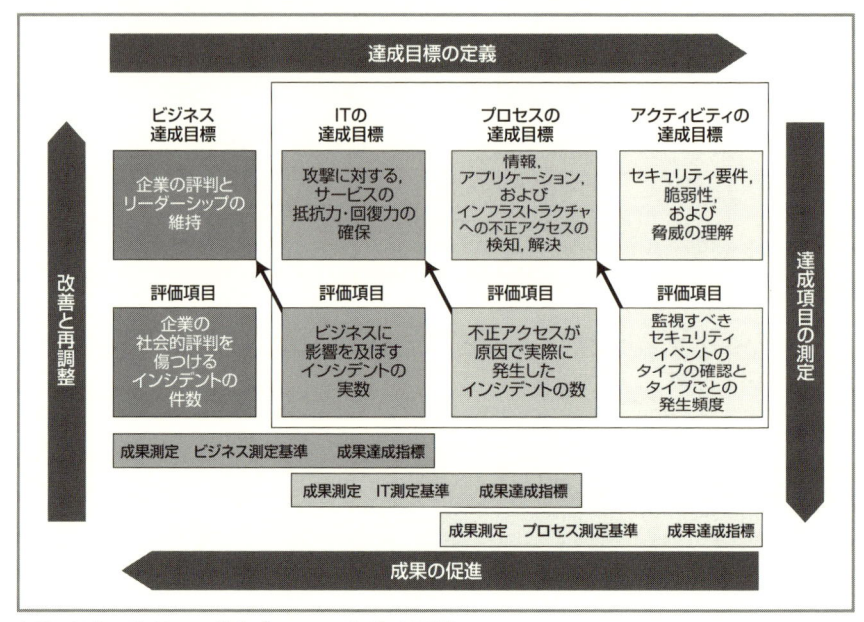

改善と再調整 ←	達成目標の定義 →	達成項目の測定
	ビジネス達成目標：企業の評判とリーダーシップの維持 **ITの達成目標**：攻撃に対する、サービスの抵抗力・回復力の確保 **プロセスの達成目標**：情報、アプリケーション、およびインフラストラクチャへの不正アクセスの検知、解決 **アクティビティの達成目標**：セキュリティ要件、脆弱性、および脅威の理解	
	評価項目：企業の社会的評判を傷つけるインシデントの件数 **評価項目**：ビジネスに影響を及ぼすインシデントの実数 **評価項目**：不正アクセスが原因で実際に発生したインシデントの数 **評価項目**：監視すべきセキュリティイベントのタイプの確認とタイプごとの発生頻度	
	成果測定　ビジネス測定基準　成果達成指標 成果測定　IT測定基準　成果達成指標 成果測定　プロセス測定基準　成果達成指標	
	← 成果の促進	

出所：日本ITガバナンス協会「COBIT4.1」（日本語版）。

- 精度の低い多数の測定指標よりも、精度の高い少数の測定指標が望ましい（さまざまな手段に対応できる非常に優れた測定指標であれば、測定指標は1つでもよい）
- 簡単に測定でき、目標と混同されにくい

(3) COBITの成熟度モデル

COBIT4.1によれば、34のITプロセスごとに作成された成熟度モデルを使用することで、マネジメント層は以下について認識できるとしている。

- 企業の実際の能力－企業の現状

❷ 国際競争時代のわが国企業の経営に資するITの監査

- 業界の現状 – 比較結果
- 企業の改善目標 – 企業のあるべき姿
- 「現状」と「将来のあるべき姿」の間に求められる成長パス

　マネジメント層への説明において，成熟度モデルを使用した評価結果を図式化（**図表2-8**）することで，将来的な計画における投資対効果の検討の論拠として容易に使用できるようになる。
　成熟度モデルは，管理プロセスの発展度合い，つまり管理プロセスの実際の能力を測定する方法である。管理プロセスの発展度合いや能力の要件は，主にIT達成目標およびその基となるビジネス上の必要性に左右される。実際に適用される能力の割合は，企業が投資から得ようとする効果に大きく左右される。たとえば，重要度の低いものに比べ，厳重なセキュリティ管理を必要とする重要なプロセスやシステムもある。一方，プロセスに適用する必要のあるコントロールがどの程度の強さが求められているのか，どの程度，高度なものが求められているのかは，企業がどの程度，リスクを許容するの

図表2-8　成熟度モデルの図式化

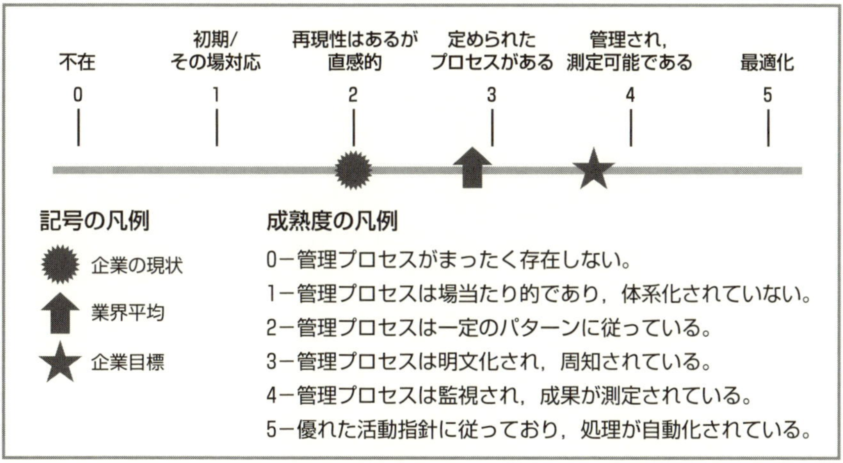

0	1	2	3	4	5
不在	初期/その場対応	再現性はあるが直感的	定められたプロセスがある	管理され，測定可能である	最適化

記号の凡例
- 企業の現状
- 業界平均
- 企業目標

成熟度の凡例
- 0 – 管理プロセスがまったく存在しない。
- 1 – 管理プロセスは場当たり的であり，体系化されていない。
- 2 – 管理プロセスは一定のパターンに従っている。
- 3 – 管理プロセスは明文化され，周知されている。
- 4 – 管理プロセスは監視され，成果が測定されている。
- 5 – 優れた活動指針に従っており，処理が自動化されている。

出所：日本ITガバナンス協会「COBIT4.1」（日本語版）。

か，しないのかといったリスクマネジメントの選好度や，従わなければならないコンプライアンス上の要件によって決定されることが多い（以上「COBIT4.1」日本語版より抜粋）。

(4) COBITの役立ち

COBITフレームワークは，情報およびガバナンスのビジネス要件を，ITサービス機能の目標に関連づけるものである。COBITプロセスモデルにより，ITに関連するアクティビティの実行とその実行を支える資源を，COBITのコントロール目標を基に適切に管理およびコントロールできるようになる。同時に，COBITの目標と指標を使用してITに関連するアクティビティとコントロールとの間の整合をとることができると同時に，それぞれの目標達成状況をモニタリングできるようになる。つまり，IT資源をITプ

図表2-9　ビジネス要件，IT資源とITプロセスのCOBITキューブ

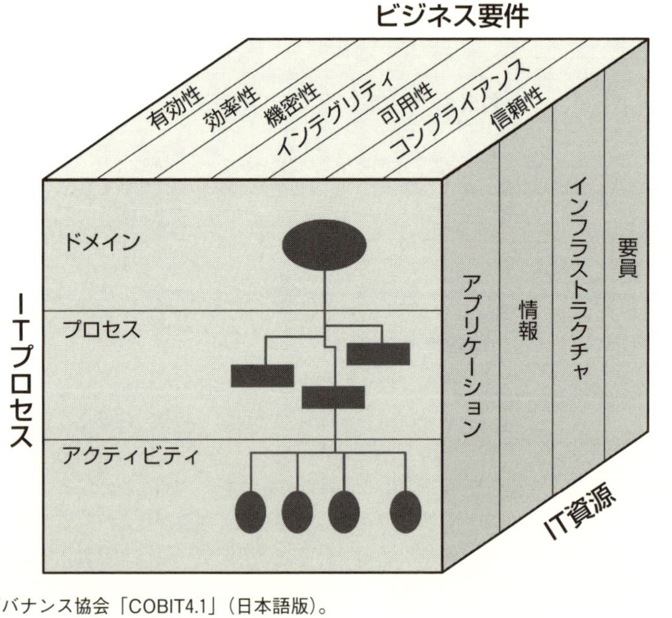

出所：ITガバナンス協会「COBIT4.1」（日本語版）。

ロセスで管理することで，ビジネス要件に対応したIT達成目標が達成される。図表2-9のCOBITキューブで示すように，これは，COBITフレームワークの基本原則である（以上「COBIT4.1」日本語版より抜粋）。

4. リスク・アプローチに基づく現代監査の基本の理解

(1) ビジネス・リスク・アプローチ監査のフレームワーク

図表2-10は，ビジネス・リスク・アプローチに基づく財務諸表監査（いわゆる会計監査）のフレームワークを示したものである。ITを利用した監

図表2-10　財務諸表監査におけるリスク・アプローチのフレームワーク

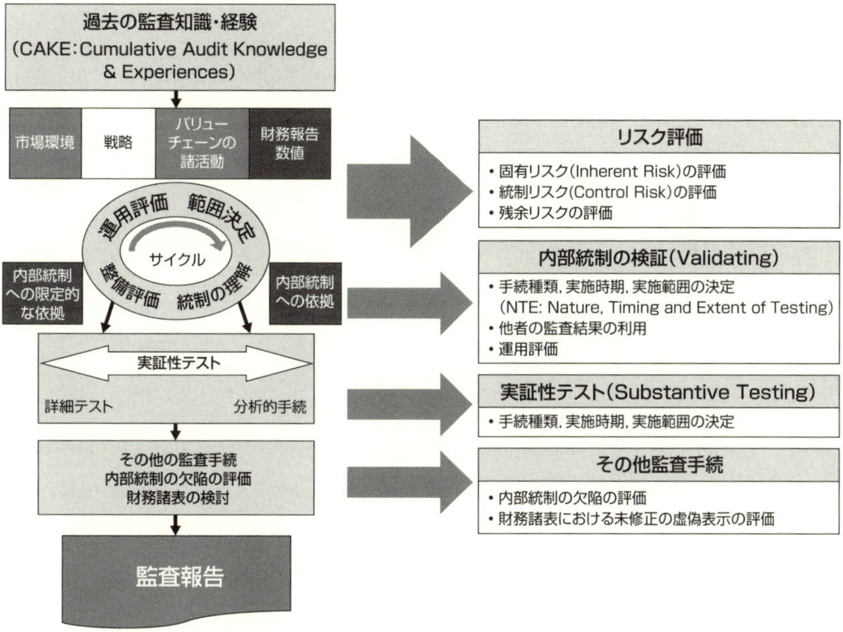

過去の監査知識・経験
(CAKE: Cumulative Audit Knowledge & Experiences)

市場環境／戦略／バリューチェーンの諸活動／財務報告数値

サイクル：運用評価、範囲決定、統制の理解、整備評価

内部統制への限定的な依拠／内部統制への依拠

実証性テスト
詳細テスト　分析的手続

その他の監査手続
内部統制の欠陥の評価
財務諸表の検討

監査報告

リスク評価
- 固有リスク(Inherent Risk)の評価
- 統制リスク(Control Risk)の評価
- 残余リスクの評価

内部統制の検証(Validating)
- 手続種類、実施時期、実施範囲の決定
  (NTE: Nature, Timing and Extent of Testing)
- 他者の監査結果の利用
- 運用評価

実証性テスト(Substantive Testing)
- 手続種類、実施時期、実施範囲の決定

その他監査手続
- 内部統制の欠陥の評価
- 財務諸表における未修正の虚偽表示の評価

出所：PwC資料。

査あるいはITを対象とした監査（以下「ITの監査」という）を実践するにあたり，当該フレームワークを理解しておくことはきわめて有用である。

財務諸表監査の世界においては，リスク・アプローチによる監査手法が導入されてから久しいが，財務諸表の虚偽表示リスクの発生源泉となるビジネス・リスクの特定・評価に関する手法の進化，あるいはCOSOによる内部統制のフレームワークの確立および財務報告に係る内部統制報告制度（いわゆるSOX制度）の制度化等により，リスク・アプローチに基づく会計監査の理論体系は確立された感がある。

(2) 監査の実施手順

STEP 1 固有のリスク（Inherent Risk）の暫定的な識別と評価

当該フレームワークにおいては，監査は，企業を巡る外部環境と内部環境の両方を分析することによって，まず企業に"固有のビジネス・リスク（業務，コンプライアンスおよび財務報告に関するリスクの総称）"を識別・評価し，次に監査目的（会計監査の場合は，財務諸表等の適正性）に照らして監査対象とすべき"固有のリスク（会計監査の場合は，財務諸表の虚偽表示リスク）"を暫定的に識別・評価する。ここで，「暫定的」と表現するのは，監査手続の実施から監査報告に至る監査のPDCAサイクルの過程で，暫定評価が最終評価としてフィックスされることを意味するものである。

会計監査における固有の財務諸表の虚偽表示リスクの識別・評価方法とITの監査における固有のリスクの識別・評価方法との類似点と相違点を比較検討することは，IT監査の広範性と複雑性を理解してIT監査を実践するうえで有用と思われる。このテーマについては，「5.固有のリスクの識別と評価の方法」にて議論する。

STEP 2 内部統制リスク（Control Risk）の識別と暫定評価

次に，企業の内部統制に関するリスクを暫定的に識別・評価する。内部統制リスクの暫定的な識別・評価に際しては，**図表2-11**として記載した

図表2-11　COSOとJ-SOXの内部統制フレームワーク

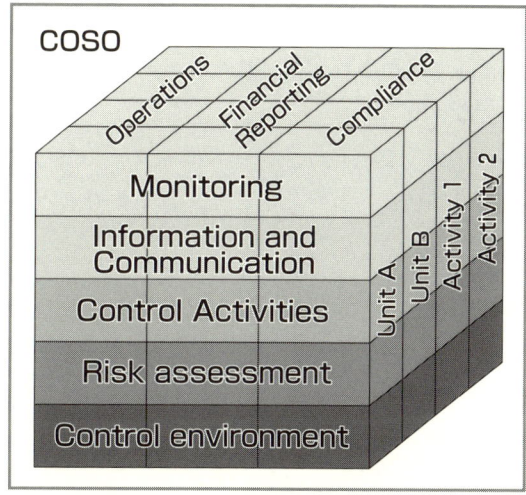

COSO

（立方体図：上面に Operations / Financial Reporting / Compliance、正面に Monitoring / Information and Communication / Control Activities / Risk assessment / Control environment、側面に Unit A / Unit B / Activity 1 / Activity 2）

出所：PwC資料。

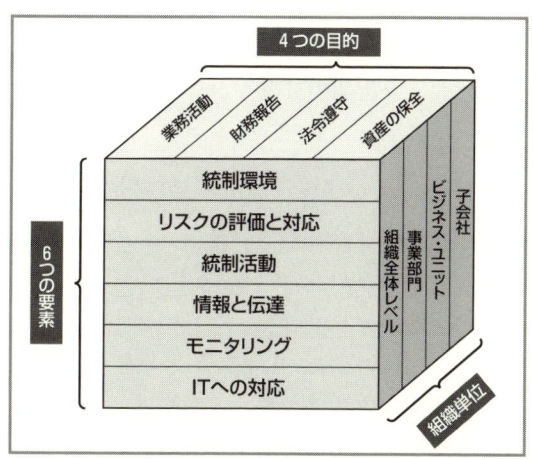

（立方体図：4つの目的＝業務活動／財務報告／法令遵守／資産の保全、6つの要素＝統制環境／リスクの評価と対応／統制活動／情報と伝達／モニタリング／ITへの対応、組織単位＝組織全体レベル／事業部門／ビジネス・ユニット／子会社）

2007年9月に施行された金融商品取引法で求められている内部統制報告制度（いわゆるJ-SOX）の実施基準（「財務報告に係る内部統制の評価及び監査に関する実施基準」）（以下「実施基準」という）では、米国版SOXの内部統制に関するフレームワークであるCOSOモデルにおいて内部統制の基本的構成要素とされる「統制環境」、「リスクの評価と対応」、「情報と伝達」および「モニタリング」に加えて、「ITへの対応」をもう1つの基本構成要素として追加している。

ITへの対応は、他の基本構成要素のそれぞれに包含される、ないしは密接に関連する活動と考えられるが、現代企業においては、ITガバナンスは企業経営における重要な経営基盤となっていることに鑑み、ITへの対応を他の基本構成要素と同列に取り扱っている。

出所：2007年企業会計審議会「財務報告に係る内部統制の評価及び監査の基準並びに財務報告に係る内部統制の評価及び監査に関する実施基準の設定について（意見書）」2007年。

COSO内部統制フレームワークあるいはJ-SOXの日本版内部統制フレームワーク等に照らしてリスクを識別・評価することになる。

内部統制に関するリスクは、まずは過年度の監査経験等に基づき暫定的に

評価され，次に，**図表2-10**に示すとおり，「範囲決定」⇒「統制の理解」⇒「デザイン評価」⇒「運用評価」のサイクルを場合によっては複数回回すことによって最終的に確定され，評価・検証された後に次のステップである実証性テストが計画されることになる。

ITリスクの識別・評価に関しては，COBITのフレームワーク，COSOおよび日本の内部統制報告制度に関するフレームワーク等に照らしてリスクを識別・評価することになる。

STEP 3 監査手続の計画

「固有のリスク」と「コントロール・リスク」の暫定評価結果に基づき，「発見リスク（企業に固有のリスクが，当該企業の内部統制によって防止・低減されないで実現するリスク）」を暫定的に評価し，手続実施の効果と効率性を考慮したうえで，コントロール・テスト（デザインの評価と運用の検証）および実証性テスト（監査対象を直接的に検証するテストであり，必要とする証拠力の観点から，証拠力の弱い分析的手続と強い詳細テストのコンビネーションで実施される）を計画する。コントロール・テストおよび実証性テストの計画に際しては，手続の種類，実施時期および実施範囲（NTE: Nature, Timing and Extent）を含めて計画する。

1）統制テストにおけるサンプリング基準

内部統制監査の実施基準によれば，経営者は，内部統制の重要性，複雑さ，担当者が行う判断の性質，内部統制の実施者の能力，前年度の評価結果やその後の変更の状況等を考慮して運用状況の評価の実施方法（サンプル件数，サンプルの対象期間等）を決定する必要があるとしている。また，ITを利用した内部統制（ITAC）は一貫した処理を反復継続するため，その整備状況が有効であると評価された場合には，ITに係る全般統制（ITGC）が有効性であることが検証できていれば，人手による内部統制よりも，たとえばサンプル件数を減らし，サンプルの対象期間を短くするなど一般に運用状

図表 2-12 統制の頻度とサンプリング件数例

手作業による統制の実施頻度	手作業による統制に関する最低のサンプル数	母集団の数
1日に複数回	25	250以上
日次	25	250
週次	5	52
月次	2	12
四半期	2	4
年次	1	1

出所：PwC資料。

況の評価作業を減らすことができるとしている。

マニュアル統制について，実務的には，日次，週次あるいは月次等の統制の実施頻度，つまり母集団数に応じてサンプル抽出件数を決定し（**図表 2-12 参照**），ITACについては，ITGCが有効であることが検証済みであれば最低1件のサンプルを抽出して運用の有効性が検証される。

監査におけるサンプリングの理論については，本「内部監査実務シリーズ」の第1分冊「内部監査の基本」において詳細に解説されているので参照いただきたい。

2）IT統制評価・検証手続の具体例

監査手続手法にはさまざまなものがあり，呼び方や手法の分類レベルも組織体によって異なるが代表的な監査手法は下記のとおりである。内部監査人の監査結果に関する心象は実施した監査手法の種類によって異なる。一般に「質問／観察」→「通査・閲覧」→「再実施」の順にその監査手法から得られる監査証拠の証拠能力が高まり，監査人の心象の水準も大きくなる。

ITに関する内部統制は，ITに関する統制環境，IT全般統制（ITGC: IT General Control）およびIT業務処理統制に大別される。またIT業務処理統制はアプリケーション・システムに組み込まれた統制活動（ITAC: IT Application Control）と，人とITが一体となって機能する統制活動つまり

IT出力情報（管理レポート等）を使用したマニュアルでの統制活動（IT Dependent Manual Control）に大別される。

上記のITに関する内部統制の評価・検証手続に関して，上述のマニュアル統制に関する監査手続手法と異なるものではないが，日本公認会計士協会のIT委員会報告第3号「財務諸表監査における情報技術（IT）を利用した情報システムに関する重要な虚偽表示リスクの評価および評価したリスクに対応した監査人の手続について」によれば，ITに関する監査手続として以下が例示されている。

① 記録や文書の閲覧
- システム運用記録，障害報告を閲覧することによる発生した障害が網羅的に記録されていること，および記録された障害対応が適切に行われたことの確認
- 電子データを利用した総勘定元帳，補助元帳，各種証票書類等との突合
- システム設計書等の閲覧による会計方針，法務要件，業務要件に合致したシステム設計の確認（ITについては，システム要件，設計の確認によって実証テストを兼ねることが可能な場合もある点に留意する）

② 観察およびシステム運用現場視察
- ITシステムの運用，管理現場の視察によるシステム運用，変更に関する統制についての把握と運用評価（監察は主にリスク評価手続として利用されるが，ITについては，リスク評価手続をとおして運用評価手続を兼ねることが可能な場合もある点に留意する）

③ 質問
- 過年度の監査において，自動化された内部統制が意図したように運用されていたことを確かめている場合における，経営者への質問およびどの内部統制が変更されたかを示す記録の閲覧による自動化された内部統制

について運用の継続的な有効性に影響する変更の有無の確認（質問は，すべての監査対象に対して有効であるが，証拠力の弱い手続であるため，自動化された統制につき，過年度の監査結果に依拠する場合は，質問に加えて変更記録の保管状況を検討する必要がある）

④ 再計算/CAAT（Computer Assisted Audit Techniques）
 - 企業から電子ファイルと計算ロジックを入手し，企業のシステムとは別のシステムにより計算し，計算結果の比較を行うことによる企業が組み込んだ計算方法（ロジック）自体の正確性の間接的な検証（検証対象としては，減価償却，外貨換算等の自動計算，売上高の合計転記等の集計計算が該当する）

⑤ 再実施/CAAT（Computer Assisted Audit Techniques）
 - 自動化された入力時統制についての再実施あるいは記録された電子情報間の整合性を確認する自動化された照合手続の再実施等（入力統制の検証にあたって本番環境へのテスト・データの投入は，企業の情報システムに多大な影響を与える可能性があるため，データ・ダウン・ロード技法の採用をふくめて慎重に検討する必要がある。再実施に関する検証対象としては，システム・アクセス統制，自動化された入力時のマスター・チェック，限界値のチェック等の各種の入力時統制やシステム間のデータ連携についての自動化照合，財務諸表の組替・名寄処理等が該当する）

STEP 4 監査手続の実施

計画に基づくコントロール・テストと実証性テストの実施過程で，暫定的に評価された発見リスクを更新すべくPDCAサイクル（Audit Comfort Cycleという）を回して，リスク評価の修正にあわせてコントロール・テスト計画と実証性テスト計画をタイムリーに補正する。

STEP5 完了手続および監査報告

発見リスクに対して必要十分な監査証拠が入手できたことを確認して，監査報告を行う。会計監査の場合には，完了手続として品質確認を含む監査基準が要求する所定の諸手続が要求され，それらが完了して初めて監査報告書が発行されることになる。

5. 固有のリスクの識別と評価の方法－会計監査とIT監査との異同の考察－

(1) ビジネス・リスクの識別

図表2-13は企業が対応することになる典型的なビジネス・リスク要因を

図表2-13 一般的なビジネス・リスクの例示

戦略／外部環境／規制		業務プロセスリスク		財務／不正
戦略／外部環境1	**戦略／外部環境2**	**製品・技術・サービス**	**情報／資産**	**財務／不正**
1 地震・異常気象・噴火・落雷・伝染病	19 調達先，提携先の変化	39 製造物責任／品質管理	58 機密情報漏洩	78 資金調達の困難
2 システムへの攻撃	20 原材料の相場変動	40 製品回収リスク	59 インサイダー情報の漏洩	79 資金運用リスク
3 機密情報の漏洩	21 株主構成の変化	41 開発の遅れ	60 プライバシー侵害（個人情報保護法）ダウン	80 国内外の税務管理リスク
4 強盗・盗難・窃盗	22 買収	42 製造に関する技術の低下	61 コンピュータダウン	81 見積りや経営者による予測を伴う取引・事象の発生
5 テロ・誘拐	23 近隣住民の反対による工場増設の中止	43 生産能力増強の遅れ	62 情報システムのリソース不足	82 処理するのに特別な知識を要する取引・事象の発生
6 戦争・内乱・政変・クーデター	24 景気後退による業績の悪化	44 特許権・商標権・著作権等の知的財産権の侵害	63 ウイルス侵入	83 非定型的・不規則な取引・事象の発生
7 主要市場の関税引き上げによる税金費用の増加	25 成長速度の速い産業	45 新規事業への参入	64 データ滅失・改竄	84 財務諸表の表示が適切に行われていない
8 数量制限等の輸入規制	26 不適切な商習慣，雇用制度	46 新地域への拡大開発の失敗	65 設備の老朽化・劣化	85 有価証券報告書の不適切な開示
9 民族・宗教リスク	27 顧客ニーズの変化		66 企業資産の盗難・破壊	86 原価集計
10 文化・価値観の違い	**規制**	**運輸／調達／販売／人事**	67 市況の変化	87 横領・着服
11 経済的に不安定な地域における事業運営	28 制度の改変	47 配送遅延・誤配	**組織体制**	88 粉飾
12 為替リスク	29 税法の改正	48 配送時の商品の減少・毀損	68 グループ会社の変動	89 環境リスク
13 株価リスク	30 国税局による追徴課税	49 非効率な体制による物流コストの増加	69 グループ会社・関連当事者への依存	
14 金利リスク	31 参入障壁	50 原材料調達源の不足	70 複雑な資本構成	
15 不安定さに晒されている事業運営	32 非常に複雑な規制	51 事前に購入ロットを明確にした長期契約の締結	71 複雑な組織構造・業務提携	
16 技術力・競争力低下・陳腐化	33 労働争議・係争問題	52 少数のサプライヤーへの依存	72 方針の不徹底	
17 特許権・商標権・著作権等の被侵害	34 人権問題（雇用差別・処遇差別・セクハラ等）	53 債権回収遅延	73 組織間の連携不備	
18 顧客ニーズ変化・顧客層の変化	35 社員不祥事の発生	54 特殊な販売取引	74 重要情報の伝達遅れ	
	36 訴訟リスク	55 労働災害（死亡・怪我・過労）の発生	75 人材の流出	
	37 法令違反に関するリスク	56 人材配置（人材育成の失敗）	76 社員のモチベーションの低下	
	38 反社会的勢力	57 不適正労働	77 セクショナリズム	

出所：PwC Business Risk Model。

2 国際競争時代のわが国企業の経営に資するITの監査

一覧にしたものであるが，現代の企業が対応を迫られるリスクが多様化しているのがみてとれる。また，ITに関連するリスクは，情報/資産に関するリスク要因のみならず，高度にIT化が進んだ現代の企業を想定すれば，ほとんどのリスク要因に経営基盤・資源としてのITが関連することが理解できる。

各企業が企業に固有の事業環境を正確に把握して，これらのさまざまな観点でのビジネス・リスクを適時かつ適切に識別・評価し，対応するのは容易なことではないが，内部監査人はこれらのビジネス・リスクを適切に識別・評価するために，リスクの識別・評価に関するフレームワークを習得し，これを駆使する必要がある。

図表2-14は，企業と企業環境を理解し，企業に固有のビジネス・リスク（事業，コンプライアンスおよび財務報告に関するリスクの総称）を識別・評価する際に有用な会計監査におけるPwCのリスク分析のフレームワークであり，Business Analysis Framework（BAF）と称される，国際監査基準（ISA）が要求するビジネス・リスクの評価を効果的に実施するためのツールである。ISAは財務諸表監査の国際基準であるので，当該フレームワークを利用する目的は一義的には財務諸表の適正性および財務報告に係る内部統制の有効性に関するリスク評価のためであるが，他の監査目的に対しても汎用的に利用可能かつ有用である。

BI（ビジネス・インテリジェンス）の領域における新しい考え方に，CPM（コーポレート・パフォーマンス・マネジメント）があるが，これはBI系のシステムを適用して，部署や個人の業績（パフォーマンス）の常時監視を行い，企業経営に役立てようというものであり，個別の業績をBSC（バランスド・スコア・カード）などのフレームワークによって集計・集約し，ビジネス戦略・目標が達成できているかを測定・検証するシステムである。BSCは，「財務の視点（過去）」「顧客の視点（外部）」「内部業務プロセスの視点（内部）」「イノベーションと学習の視点（将来）」の"4つの視点"を用いて，企業戦略に適合した個人や部門ごとの個別のCSF（Critical Success Factor），KGI，KPIを設定し，PDCAサイクルを回し，モニタリングする

図表2-14　Business Analysis Framework（BAF）と著名な経営管理のフレームワーク

Business Analysis Framework

市場概況	戦略	価値創造活動	財務成績
競争環境 規制環境 マクロ経済環境	目標および目的 組織設計 統治	顧客 人材 革新 ブランド サプライチェーン 環境, 社会, 倫理	財政状態 リスク特性 経済的成果 セグメント分析 会計方針

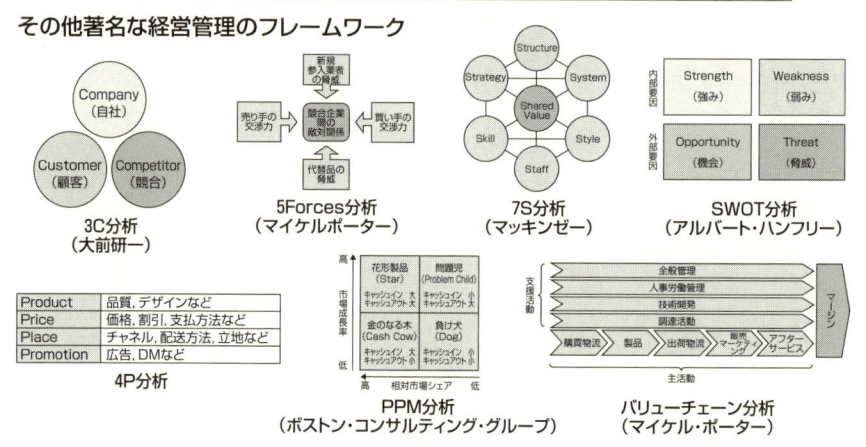

その他著名な経営管理のフレームワーク

- 3C分析（大前研一）
- 5Forces分析（マイケル・ポーター）
- 7S分析（マッキンゼー）
- SWOT分析（アルバート・ハンフリー）
- 4P分析
- PPM分析（ボストン・コンサルティング・グループ）
- バリューチェーン分析（マイケル・ポーター）

ことによって，社内のプロセス改善や各個人のスキルアップを促し，企業変革を推進するというフレームワークおよびアプローチである。

会計監査におけるBAFは，BSCと同様の発想に基づき，KGI/KPIとは一種コインの表裏の関係にあるKRIを識別するためのフレームワークである。

一方でIT監査においても，ITガバナンスの目的が，"組織目的および戦略の実行を支えるものである"ので，内部監査人が企業に固有のビジネス・リスクを識別・評価することから，IT監査はスタートすることになる。

したがって内部監査人は，BAF，BSC，あるいはその他の経営管理のフレームワーク（**図表2-14**）を駆使して，企業の戦略・目標とパフォーマンス，あるいはリスクとリスクへの対応（内部統制）をロジカルに識別する能力を身につけ，知識と理解を組織的に整理・蓄積しておくことは，❶で議

❷ 国際競争時代のわが国企業の経営に資するITの監査

論した国際競争時代の企業経営に資する内部監査を実践するうえで，きわめて重要な基礎となると考える。

図表2-15にBAFの標準的な分析項目を紹介する。

図表2-15　BAFにおける検討項目

市場概況	我々の理解
競争環境	●競合他社の数および性質，顧客，供給者，規制者および他の関連当事者との関係など，産業の現在の状況に対する経営者の見解はどのようであろうか。われわれの見解と比較してどうか。 ●産業の状況で予想される大きな変化は何か。また，その変化に対して会社は対応等と準備をしているのか。 ●会社の代表的な製品のなかで，成熟期にあるものは何か。 ●市場成長能力に対する会社の短期見解および中・長期見解はどのようなものか。 ●重要な市場および市場占有率を定義するために，どんな情報が会社によって使用されているのか。 ●会社はどのように競合他社の活動をモニターしているのか。 ●競争業者の勢力関係はバランスが取れているのか。たとえば，市場の方向性を決める支配的な会社があるのか。 ●市場のグローバル化により，新規参入者が出現するか。 ●産業に参入障壁はあるのか。あるのであればどのようなものか。 ●外部の稀少資源に著しく依存しているのかどうか。
規制環境	●現在どのような規制が会社に最も影響を与えているのか（たとえば，産業規制，金融規制，環境規制，健康および安全規制，税法など）。 ●規制に対して会社はどのような対応策を取っているのか。 ●規制に関する大きな変化は予想されるのか。 ●その変化による大きな影響は何か。また，会社は対応策を準備しているのか。 ●今後における報告基準の変化に対し，対応する戦略を策定しているのか。 ●会社に対して強い圧力をかける外部・内部団体はあるのか。
マクロ経済環境	●短期・中期双方の経済予測に対する経営者の見解はどのようなものか。 ●たとえばGDP成長率，利子率変化，インフレ，失業率など景気の変化により，会社はどのくらいの影響を受けるか。 ●会社が重要視する経済指標は何か。また，外部機関によって提供されるサービスなど，この情報のソース・データは何か。 ●会社は政治的な不安定要素に影響を受けるか。さらに，そのリスクを緩和するために講じられている措置は何か。 ●新技術の開発によって，会社の運営はどのくらいの影響を受けるか。現在の製品は時代遅れのものになってしまわないか。 ●たとえば，家庭でのインターネット利用およびPC利用の増加や，インスタント・フードの利用増加など，属する産業におけるトレンドの変化により，会社はどのくらいの影響を受けるか。
識別されたキー・リスクは？	
重要性に対する影響	
不正に対する影響	
事前分析に対する影響	

戦略	我々の理解
目標および目的	●会社の長期戦略や長期目標は何か。 ●戦略は文書化されているか。そうならば，これはどのように伝達されているか，また誰に伝えられているか。 ●戦略の再評価の根拠は何か。 ●戦略の変更は文書化され説明されるか。 ●ビジネスが戦略どおりにいっているかを決定するうえで，役員会はどんな実績測定の指標・情報を収集し依存しているのか。たとえば，長期目標を達成するために必要な業務遂行がなされているか否かを経営者が評価するうえで，明確な短・中期目標は何か。 ●会社は自己の業績を同業他社と比較しているか。たとえば，同業他社の範囲を規定し，また具体的な中期目標は同業他社の業績と比較して検討したものであるか。
組織設計	●会社の組織設計はどのようなものか。また，それは文書化されているか。 ●価値を創造するために，事業は，ジョイントベンチャー，提携先およびパートナー契約にどの程度依存しているか。また，経営陣およびわれわれは，リスクおよび財務的影響について正しく理解しているか。 ●会社の組織設計は，同業他社のそれと比べてどうか。 ●会社は，機能，プロセスおよび地理ごとにどのように組織化されているか。 ●会社の業務構造は，継続的戦略をどのように支えているか。 ●近い将来において変更が予想されているか。 ●変更に関して会社はどのような経験を有しているか（たとえば，なぜ前回の変更は成功したか，あるいは失敗したか）。 ●経営陣は，会社の現経営陣，リソース，資金調達および文化といった制約のなかで，望ましい戦略的変更を実行することができるか。
統治	●会社はコーポレート・ガバナンス・モデルを明確に定義し，文書化しているか。 ●変化が予想されているか。また，変化によって会社の組織に対してどのような影響が及ぼされるか。 ●組織内に生きた統治をもたらすために，どのようなプロセス，手続および活動が実施されているか。 ●非業務執行取締役の独立性に関する方針が明確に定義されているか。 ●会社は適切な継承計画を有しているか。 ●会社は正式なリスク評価プロセスを踏んでいるか。また，重要なリスクを管理するプロセスはあるか。 ●会社取締役，監督委員会のメンバーおよび主要役員の報酬は，長期的な戦略目標との関連において設定されているか（たとえば，株主利益の増加など）。 ●報告の透明性に対して会社はどのように考えているか。 ●すべての企業報告（たとえば，規制，アナリスト・ブリーフィング，環境およびウェブサイトなど）は，会社全体で調整されているか。それとも，自己中心的なスタイルで行われているか。 ●会社の主要な関連当事者は誰か。また，これらの関連当事者と会社との関係は，どのようにモニターされているか。 ●会社は積極的に関連当事者に関与しているか。
識別されたキー・リスクは？	
重要性に対する影響	
不正に対する影響	
事前分析に対する影響	

❷ 国際競争時代のわが国企業の経営に資するITの監査

価値創造活動	我々の理解
顧客	●会社は顧客をどのように定義し，分類しているか。 ●顧客を獲得し，応対し，維持するためのコストも含めて，長期的な顧客収益性の測定およびモニターのためにどのような情報を保持しているか。 ●顧客管理に関連しているビジネス・チャンネルは，どのように変化しているか。 ●顧客からの苦情をどのように吸い上げ，対処しているか。 ●顧客サービスの実績を最良の競合他社と対照して評価するにあたり，どのような情報を利用しているか。
人材	●会社は人的資本（たとえば高度に熟練した従業員）を事業における価値の主要な原動力と考えているか。 ●社内のどのような人々が，会社の成功にとって最も重要であるか（たとえば，販売，マーケティング，研究開発など）。 ●知的資本（内在的および明示的）は，社内の人々のなかにどのように存在しているか。 ●事業の人的資本に対する最大の脅威／リスクは何か。 ●人的資本の評価およびモニターのために，どのような情報を保持しているか。
革新	●技術革新は，事業における価値の主要な原動力であるか。そうである場合は，どのように原動力となっているのか。 ●新しいアイディアおよび技術革新は，事業においてどのように評価され，モニターされているか。 ●会社は研究開発費用の有効性をどのように評価しているか（投資収益率やその他の指標など）。
ブランド	●会社はブランド価値をどのように管理し，評価しているか。 ●ブランド価値に対する最大のリスクは何か。また，経営陣は当該リスクにどのように対応しているか。 ●会社はブランド構築のための広告費をどの程度支出しているか。 ●会社は広告費の有効性をどのように評価しているか。 ●会社が重視するブランド価値の先行指標および遅行指標は何か。 ●会社はすべての知的所有権（特許権や登録商標など）の目録を有しているか。有している場合，これらは積極的に管理されているか。また誰によって管理されているか。 ●所有してはいるが，会社の戦略において重要性を失っている知的所有権はあるか。ある場合は，これらの資産から価値を実現する計画およびプロセスはどのようなものか。
サプライチェーン	●会社の戦略の全体としての成功に対する会社のサプライチェーンの重要性はどの程度か。 ●サプライチェーンは，どのような重要な側面および関係に依存しているか。 ●事業のバリュー・チェーンを明らかにするために，どのような情報を保持しているか。また，その情報についてどのくらいの頻度でレビューや市場試験を行っているか。 ●外部委託およびパートナー契約に関する決定を支援するために，どのような情報が利用されているか。 ●ジョイントベンチャー，提携および外部委託から創成された価値をモニターするために，どのような情報が利用可能であるか。
環境，社会，倫理	●長期的価値に対する会社の評判の重要性はどの程度か。 ●内部的および外部的に，会社の評判に対するどの対応措置に最も重要性があるか。また，経営陣はこれらの対応措置に関連してどのような情報をもっているか。 ●会社の評判に対する最大のリスクは何か。 ●これらのリスク／脅威をモニターするために，経営陣はどのような情報を利用しているか。 ●環境，社会および倫理面の問題に関して，会社ではどのような戦略や重要性が定められているか。 ●環境，社会および倫理面の問題を評価し，モニターするために，どのような情報を保持しているか。
識別されたキー・リスクは？	
重要性に対する影響	
不正に対する影響	
事前分析に対する影響	

財務成績	我々の理解
財政状態	●会社はどのようにして資金調達に関する戦略を決定しているか。 ●キャッシュ・フロー予測はどのくらいの頻度で、またどの期間について作成されているか。 ●会社は、適切な資金調達契約を有しているか否かについて、どのように評価しているか。 ●会社は、自社の財政状態に関する指標を同業他社のそれと比較しているか。 ●会社は、有形資産の「価値」をどのように評価しているか（有形資産の価格／状態、年数および質と、取得原価主義による正味帳簿価額との比較など）。 ●投資判断はどのように行われているか。また、承認プロセスにおける主要要素は何か。
リスク特性	●各事業単位は産業特有のどのようなリスクを識別しているか。 ●会社のリスク戦略およびリスクに対してどのような需要があるか。 ●識別されたリスクはどのように管理されているか。 ●会社はリスクの許容レベルをどのように決定しているか。 ●リスクは投資判断にどのように組み込まれているか。 ●財務リスク以外のリスク（環境リスク、セキュリティ・リスクなど）はどのように識別され、管理されているか。 ●会社は、障害回復プランを有しているか。また、それはテスト済みであるか。
経済的成果	●会社は価値創造力をどのように評価しているか（たとえば、外部および／内部の株主利益指標を利用しているか）。 ●会社はどのようにして異なるリスクレベルを目標収益の決定および総合的業績の評価に組み込んでいるか。 ●どのようなプロセスによって会社および事業単位の資本コストが設定されているか。また、当該プロセスはどのくらいの頻度で再評価されているか。それは市場の期待に合致しているか。 ●会社は自社の業績を同業他社のそれと比較しているか。
セグメント分析	●経営陣はどのように事業を分割しているか。また、マトリックス型の経営組織が整えられているか。 ●各事業単位は、どの程度自主性をもっているか。また、グループはどのように影響力および支配力を行使しているか。 ●会社は個別事業または営業部門がそれぞれ価値を創造しているのか、それとも低下させているのかについて、どのように判断しているか。 ●各ユニットのリスク特性を反映するため、ユニットごとに異なる資本コストが割り当てられているか。 ●業務評価基準はセグメントまたは事業単位全体で一貫しているか。 ●各事業単位または営業部門は、他のユニットおよび／または外部の同業他社と業績を比較しているか。 ●会社は個別プロダクト／サービスの貢献をどのようにモニターしているか。
会計方針	●同業他社と比べて、彼らの会計原則は積極的であるか、あるいは保守的であるか。 ●近年における会計方針または会計実務の変更は、ビジネスの方法の変化あるいは会計基準や法令の変化によるものであるか（その変更が適切かどうかおよび監査に与えると予測される影響を考慮する）。 ●クライアントのビジネスの変化や、重要な取引、異常な取引あるいは単発の取引の発生により、クライアントやわれわれが特別な注意を必要とする会計方針があるか。 ●会社の採用する会計方針は最も適切なものであると認められるか。 ●利益と取締役報酬の間にはどのような関係があるのか。 ●初期契約のために： ・前期の財務諸表において、重要な開示項目が非開示となっている部分はないか。 ・前期の財務諸表は、一般的に認められた単一の会計フレームワーク（IFRSや自国のGAAP）に従って作られているという内容を明確に記しているか（監査上、会計フレームワークからの逸脱や曖昧な言及の影響を充分に考慮する）。
識別されたキー・リスクは？	
重要性に対する影響	
不正に対する影響	
事前分析に対する影響	

出所：PwC資料。

(2) 会計監査および財務報告に係る内部統制監査における固有のリスクの評価・測定方法

会計監査および財務報告に係る内部統制監査においては，財務諸表の適正性とそれを担保する財務報告に係る内部統制の信頼性を検証するという監査目的に照らせば，財務諸表の虚偽表示リスクを評価・測定することが初期動作になる。

財務諸表の虚偽表示リスクは，財務諸表自体が定量的に表示される性質上，リスクはまずは金額的に測定され，次に虚偽表示による財務諸表の利用者である株主および投資家等のステーク・ホルダーの判断への影響といった質的側面をも加味してリスクを評価・測定することになる。リスクとして想定する事象の"発生可能性"とリスクが実現した場合における財務諸表全体に対する虚偽表示による量的・質的な"影響額"の両方を考慮して，財務諸表監査および財務報告に係る内部統制監査におけるリスクは評価・測定されることになる。

(3) IT監査における固有のリスクの評価・測定方法

会計監査の監査対象物である財務諸表の虚偽表示のリスクの評価・測定は，IT監査におけるリスクの評価・測定と比較すれば，容易と考えられる。何故ならば，財務諸表はその作成基準・ルールたる会計基準（わが国の会計基準，IFRS，米国会計基準等）が存在し，かつ定量的に貨幣単位で虚偽表示金額を測定することが可能であるからである。また虚偽表示の重要性についても一定の指針が存在する。

一方，内部監査もIT監査も，その監査目的および対象，関連するリスク，ならびに当該リスクの重要性については，一般的に基準・ルール等が存在するものでもなく，あくまでもステーク・ホルダーの期待・要求に高度に依存するものである。よって，IT監査（内部監査も同様）は，まずステーク・ホルダーの期待・要求を明確に把握することによって，監査目的および対象，

関連するリスク，ならびに当該リスクの重要性を明確にすることから始まる点を理解すべきである。ステーク・ホルダーの期待・要求は，コーポレート・ガバナンスのメカニズムに従って，企業使命および企業戦略に反映されるものであるので，**図表2-16**の全社的リスク・マネジメント・サイクルに沿って，「ミッション（ビジョン）の把握」⇒「戦略と目的の理解」⇒「リスク事象の識別」⇒「リスク評価」⇒「リスクへの対応」のPDCAサイクルのなかで，ITガバナンスの切り口で「目的の重要性」，「リスク事象の影響の軽重」，「リスク事象の発生可能性」および「コントロールの脆弱性」の総合評価によってリスクの識別と識別されたリスクの重要性の評価・測定を

図表2-16　全社的リスク・マネジメント・サイクル

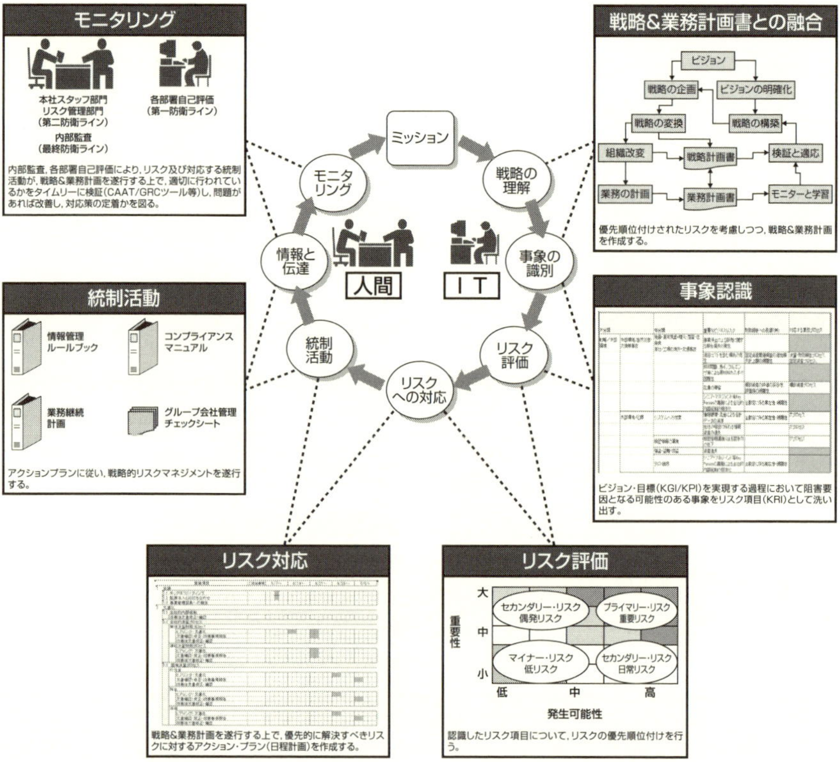

実施することになる。

(4) ITの統制目標の理解

　会計監査においては，財務諸表の虚偽表示リスクを単一の切り口で捉えることはせず，財務諸表を構成する諸勘定に対する経営者の主張（以下「アサーション」という）単位でリスクを識別・評価する。何故ならば，虚偽表示リスクと内部統制の統制目標は，このアサーションに紐づけて識別，評価，測定することで，ピンポイントでリスクに対応する監査手続をロジカルに組み立てて監査を最大限効率化することができるからである。内部統制監査手続も実証性監査手続もその手続種類によって，各アサーションに対して入手できる監査証拠の量が異なるからである。

　つまり会計監査においては，アサーションに分解されたリスクに対して，最も高い証拠力を獲得できる監査手続を宛てることにより，最低の労力で最大限の効果をもたらすことを狙っている。1例をあげれば，期末売掛金の回収可能性（つまり期末売掛金残高金額の"評価"のアサーション）にリスクが認められる場合において，売掛金の実在性（つまり期中売上取引と入金取引の実在性）を検証する監査手続を重点的に実施しても意味が無く，直接的に帳簿上で計上されている売掛金のうちどれ程が回収できるかを確認する監査手続を実施すべきかということである。ビジネス・リスクをいかにロジカルに，財務諸表の虚偽表示リスクに，さらには勘定科目ごとの各アサーション・レベルに分解できるかが会計監査におけるリスク・アプローチのエッセンスであり，会計監査人に要求される技量である。なお，財務報告における内部統制では，内部統制の諸統制目標も勘定科目ごとの各アサーションへの紐づけることが要求されている（**図表2-17の例示を参照**）。

図表2-17 IT情報処理の統制目標とアサーションとの対応関係（例示）

ITのコントロール目標		正当性	網羅性	正確性
具体的なITのコントロール目標		売上取引は、実際に生じた経済事象を表し、かつ、当該企業に関連するものであり、承認されたものだけが入力され、処理されている。	売上取引が漏れなく、重複なく記録され、残高更新され、未決済およびエラーとなった売上取引は期間内にすべて適切に処理されていること。	売上取引は、正確に適時に適切な勘定に記録されていること。エラーとなった売上取引は期間内にすべて適切に処理されていること。
統制活動の例		コンピュータへの入力時に、得意先、価格および与信限度について、マスタ・ファイルとの存在チェックが行われる。与信限度を超えた取引は上司の承認入力が必要となる。	コンピュータに入力された出荷指示書の連番管理。売上データが出荷された指示書ごとに作成され、販売管理システムから会計システムにバッチで転送される際に、数量と金額の件数と合計の突合が行われる。	コンピュータに入力された出荷指示書の数量または単価が、一定の範囲を超えるとエラーになる。コンピュータ入力時に、得意先および価格についてマスタ・ファイルとの存在チェックが行われる。
経営者の主張	発生	◎		◎
	実在性	◎		◎
	網羅性		◎	
	正確性			◎
	権利と義務			
	評価	◎		
	期間帰属	◎	◎	◎

注：財務諸表における経営者の主張との相関関係については、表中の例示に対応するものではなく、ITのコントロール目標との一般的な対応関係として記述した。アクセス制限に関するITのコントロール目標は、経営者の主張のすべてに関連することから記載を省略した。また、同報告上でITのコントロール目標とする「ファイルの維持継続性」に関する記載は省略した。
出所：日本公認会計士協会「IT委員会報告第3号」[付録]【表1】を基に作成。

3 CAATと継続的監査

❶において，わが国企業が，相当の変化スピードで多極化するグローバル・マーケットを主戦場として，同じく多極化する世界的な競合企業群に対して常に競争優位を維持して成長を持続するには，企業グループ内における業務および情報システムの標準化を達成したうえで，作戦参謀としての本社機能がマーケット情報とリスク情報をタイムリーに把握し，対応戦略を策定・実行し，対応実行状況をモニタリングすることの重要性を議論した。また，競争優位の観点からいかにKPIとKRIを厳選するか，電波周波数のチューニングに例えていかにKPIとKRIが常に現場最前線の状況を的確に表示するようにメンテナンスを行うか，そして，アンテナと通信網に例えていかなる仕組・システムでKPIとKRIを用いて最前線でのパフォーマンスとリスクを収集，測定，評価し，機動的にPDCAサイクルを動かすのかが，わが国企業にとって危急の課題であることを解説した。

　さらに，この危急の課題に対して，内部監査機能は以下の2点を実践することこそが，経営に資する内部監査の大義・使命として今後いっそう重要になるであろうことを議論した。

　すなわち，アシュアランス機能の実践（つまり，現地，現物，現時点での調査）によって，刻々と変化する企業を巡る外部環境あるいは内部環境（とくに人材に注目）に対応して，ビジネスの最前線から経営執行陣に至る企業グループ組織内の全領域で，KPIやKRIが現実の活きた情報を適時かつ正確に反映するよう設定されていることを保証すること，ならびに本社事業部門（第1防衛ライン），本社コーポレート・スタッフ部門（第2防衛ライン），そして経営執行陣に対して，彼らがIT基盤およびマネジメント情報システム上で実装されたKPIおよびKRIを用いた事業パフォーマンスとリスクのモニタリング・システムを構築・強化することを，コンサルティング機能を発揮して企業内で啓蒙・支援し，継続的モニタリング/監査システム構築への道筋を作ることの2点である。

　次に，❷においては，上記のコンサルティング機能を発揮するためには，業務監査，財務報告に係る内部統制監査，ITの監査の監査種類を問わず，

内部監査人のアシュアランス機能のコア・コンピテンシーであるビジネス・リスクを起点としたリスク・アプローチによる監査のフレームワークとメソドロジーに関する知識が重要な基礎となることを解説した。

　また，フレームワークとメソドロジーの実践適用に際して，内部監査人が長年の活動の結果，組織として累積した各企業に固有のリスクとリスク・マネジメント・システムに関する知識・経験あるいはノウハウこそが，企業経営に資するコンサルティング機能を発揮するうえで，きわめて重要であることを強調した。

　❸においては，KPIやKRIを判断指標として用い，ITを基盤・ツールとして実施するリアル・タイムなリスク評価およびコントロールのモニタリングの手法である，内部監査人による継続的監査（Continuous Auditing）と経営陣／本社スタッフ・リスク管理部門による継続的モニタリング（Continuous Monitoring）の手法について紹介する。さらに企業内において継続的モニタリングおよび継続的監査システムの全社的導入を，内部監査組織が中心となって企業グループ内で啓蒙・推進するための入門ツールあるいはプロトタイプとでもいうべきCAAT（A Computer Assisted Audit Technique：コンピュータ利用監査技法）について紹介する。

　なお，CAATおよび継続的監査の紹介に関しては，フレームワークあるいはメソドロジーの紹介にとどまらず，内部監査人がそれらのテクノロジーの企業経営管理に対する効能を理解したうえで企業内において継続的モニタリング／監査システムの全社的導入を実践することをサポートできるよう，可能なかぎり実務的な解説を加えている。

1. 内部監査におけるITの活用状況

　2010年にプライスウォーターハウスクーパースが全世界規模で実施した「2010年度　内部監査業務に関する状況調査」結果によれば，内部監査業務におけるテクノロジーの利用に関して以下のような分析結果が報告されてい

る。

1）内部監査ツールとしてのテクノロジーの利用

　内部監査プロセスのあらゆる領域を支援し，強化するため，さまざまな専用ツールが開発されているが，内部監査人はこれらのツールをあまり活用していない。テクノロジーやツールの活用の可能性を理解することは，ツールの有効な利用法やそのための適切なスキルのレベルを明確にすることに役立つばかりでなく，他の部門との協働をより容易にするものである。

　内部監査において利用できるテクノロジーを検討する際には，業務システムや，そこに組み込まれたデータ分析ツールがどの程度利用されているかを明確にし，次に自動化コントロールのモニタリング・ツールやGRCアプリケーション（"Governance, Risk Management and Compliances" のシステム化のための製品の総称）や補完的経営情報システムの導入・運用状況の調査を行うことになる。

2）業務システム・データの利用

　データ・ウェアハウスやERPシステムからは，組織横断的な視点での情報を入手することが可能であるにもかかわらず，内部監査人はこれらを十分に活用できていない。これらのシステムを「内部監査人が幅広く利用している」と回答したのは全体の51％にとどまり，「キーリスクのモニタリングのために積極的にこれらのシステムを活用している」と答えた回答者は8％に過ぎなかった。32％の回答者が業務システムから出力されるレポートを内部監査で利用する際，他部門の担当者に依頼して入手している状況であった。

　上記の調査結果は，内部監査部門がその使命を遂行する能力を極端に制限されている現状実務の問題点を示唆している。これらの情報検索・解析ツールは，その性質上，明確で綿密に検討されたデータ検索・解析指示が必要となるが，監査人以外の担当者は，通常監査を実施する際に必要とされる非常に厳密な検索・解析指示を作成することに習熟していない。したがって，内

❸ CAATと継続的監査

図表3-1 （調査結果）監査活動を実施する際，主要なシステム（ERP，データ・ウェアハウス等）の利用にあたり障害となっているもの

	1 最大の障害 である	2	3	4	5 障害として 最小である
必要とされている能力や知識が，現在の内部監査部門にない。	34%	22%	18%	18%	12%
主要なシステムへのアクセス権がない。	16%	20%	21%	27%	16%
主要なシステムの利用を促す監査手法やアプローチを有していない。	15%	26%	38%	17%	4%
主要なシステムの利用が監査効率を向上すると認識していない。	14%	23%	19%	32%	12%
その他	37%	8%	4%	4%	46%

出所：PwC「2010年度　内部監査業務に関する状況調査」。

図表3-2 （調査結果）監査活動を実施する際，データ分析／コンピュータ利用監査技法（CAAT）の利用にあたり障害となっているもの

	1 最大の障害 である	2	3	4	5 障害として 最小である
必要とされるスキルや知識が，現在の内部監査部門にない。	34%	21%	18%	14%	12%
データ分析ツールやCAATツールへのアクセス権がない。	20%	23%	21%	23%	13%
データ分析やCAATの利用を促す監査手法やアプローチを有していない。	12%	28%	35%	19%	6%
データ分析やCAATの利用が監査効率を向上すると認識してない。	13%	18%	19%	34%	15%
その他	44%	10%	9%	5%	32%

出所：PwC「2010年度　内部監査業務に関する状況調査」。

部監査部門が主体的にツール利用を促進する必要があるが，調査結果によれば**図表3-1**および**3-2**のとおり，内部監査部門が業務システムのデータおよび情報検索・解析ツールをより活用するための，外部要因あるいは内部要因による障害が報告されている。

テクノロジーが活用されている領域および活用されているテクノロジーの

図表3-3　（調査結果）テクノロジーが活用されている領域および活用されているテクノロジーの種類

監査業務を最適化するために活用されているテクノロジー	年次リスク評価	人材計画	計画	統制分析	データ分析	実証性テスト	リスク評価の更新	監査調書管理	報告	問題点と改善策管理	パフォーマンス測定指標	コミュニケーションの記録	被監査部門満足度調査	継続的な統制モニタリング	ナレッジマネジメント	継続監査	年次リスク評価
データ解析ツール																	
エクセル	69%	68%	69%	53%	56%	56%	57%	44%	41%	48%	47%	30%	34%	28%	23%	26%	1%
アクセス	6%	5%	5%	8%	16%	9%	4%	4%	6%	9%	3%	3%	3%	4%	3%	4%	0%
SCL	3%	1%	2%	4%	10%	7%	2%	3%	3%	2%	2%	1%	2%	3%	2%	4%	0%
ACL	4%	1%	3%	10%	31%	21%	4%	2%	2%	1%	2%	1%	1%	9%	2%	13%	0%
IDEA	1%	0%	0%	2%	3%	6%	1%	0%	1%	0%	0%	0%	1%	0%	0%	2%	0%
Oversight	3%	2%	3%	4%	2%	3%	4%	5%	5%	4%	4%	6%	5%	5%	5%	4%	0%
アプリケーション／セキュリティ・モニタリングツール																	
Approva/Versa	2%	2%	2%	2%	2%	2%	1%	0%	1%	1%	2%	2%	2%	2%	2%	3%	0%
監査／ガバナンス・リスク・コントロール・システム																	
GRCプラットフォーム*	7%	5%	6%	7%	4%	5%	6%	7%	4%	5%	5%	5%	4%	4%	5%	4%	1%
SAP GRC	2%	2%	2%	2%	3%	3%	2%	2%	2%	2%	1%	1%	1%	1%	2%	2%	1%
補完的経営情報システム																	
監査マネジメントシステム**	19%	19%	22%	16%	13%	17%	16%	28%	24%	22%	14%	14%	11%	11%	12%	11%	1%
ダッシュボード	9%	7%	7%	7%	7%	5%	7%	6%	9%	8%	5%	5%	5%	5%	5%	5%	1%
サーベイ・ツール	10%	4%	5%	4%	4%	4%	6%	3%	4%	3%	3%	5%	13%	3%	3%	3%	0%

*Palsly. Open Pages. Resolver
**TeamMate, AutoAudit
出所：PwC「2010年度　内部監査業務に関する状況調査」

種類に関して，**図表3-3**の調査結果では，エクセルが最もデータ分析に利用されているツールであり，ACL, IDEA, Oversightといった市販のデータ解析専用ツールの利用はそれに比べて低い割合であった。同様に，セキュリティ管理やリスク評価といったより高度なデータ分析ツールの利用がほとんどないことも示している。

また，監査管理システム以外の補完的経営情報システムや自動化統制あるいはセキュリティのモニタリング専用ツールの普及率が低いことも示している。

2. 継続的監査および継続的モニタリングの概念の登場の背景

(1) 現代の内部監査機能が抱えるジレンマ—期待と課題

IIAのGlobal Technology Audit Guide（以下「GTAG」という）「Continuous Auditing: Implications for Assurance, Monitoring, and Risk Assessment」によれば，進化する規制環境，ますます進展するビジネスのグローバリゼーション，業務改革を要求する市場圧力の増大，急激に変化する事業環境は，コントロールが適切に機能することによってリスクが低減されていることについての，よりいっそうタイムリーかつ継続的な保証が要求されてきている。

また，SOXの法制度化を起点として，ガバナンス，リスク・マネジメントそしてコントロールの評価に関する内部監査人に対する期待が高まるなかで，内部監査機能の"独立性"と"目的"に関して，内部監査機能に対する関心は高まっている。

このような内部監査を巡る環境下において，内部監査人が直面する諸課題は以下のとおりである。

- コンプライアンスとコントロールに関して，問題点とその発生過程の特

定と評価，持続可能性，リソース，重要性の判断基準，優先度合，あるいはSOXの法制度化による財務報告リスクへの対応といった増加する諸課題
- 内部監査の価値と独立性に関して，内部監査に対する高い期待，内部統制に関する問題意識の向上，一方で内部監査人の責任と義務に関する企業組織内での誤認，内部監査の目的と独立性の間での妥協といった諸課題
- 不正に関して，摘発とコントロール，なりすまし，不正の管理責任，そして増大する不正事例件数とコストといった諸課題
- 内部監査人の技能と人材に関して，資質と要求されるスキル・セットの欠如，監査員数の不足と維持，そして"リスクとコントロール"に関する理解の欠如といった諸課題
- テクノロジーに関して，コンプライアンス，テクノロジーに立脚したビジネス・モデル，情報セキュリティ，競争優位のためのITの重要性の増大，そしてアウトソーシングの増加といった課題

(2) 伝統的な内部監査手法の限界（2大課題）

　GTAGが指摘しているとおり，伝統的に内部監査で実施されるコントロールのテストは，一般的に過去の状況を対象として，さらにサイクル・ベース（ローテーション）で実施されるものであり，監査手続はサンプリング（試査）に基づく各種方針，手続，承認あるいはリコンシリエーション等のレビューといった活動から構成されるものである。

　しかしながら，現代の目まぐるしく変化し続ける企業環境において企業価値の向上や法令コンプライアンスに対して内部監査が十分な価値を発揮・付加しているかという疑問に対して，このような伝統的な監査手法では，評価範囲が狭すぎる，あるいは問題点の検出・指摘のタイミングが遅すぎるという限界が存在する。

(3) 継続的監査の手法登場の歴史的経緯

　伝統的な監査手法の限界に対して，継続的監査の手法を導入すれば，内部監査人は取引全件をテスト対象とすることができ，またITデータを用いての自動化された随時の解析によってリアル・タイムにコントロールの欠陥とリスクの識別・評価を行うことが可能となる。つまりIT化されたデータを用いて，全取引を母集団とした異常の検出が可能となり，また内部統制の欠陥や突発的に出現するリスクをリアル・タイムに検出することも可能になるのである。

　GTAGによれば，歴史的には，コントロールのテストの自動化する手法は，ITシステムに監査モジュールを組み込む方式（Embedded Audit Module：EAM）で1960年代に登場したが，その構築あるいは保守が困難であったこともあって継続使用する企業はほとんどなく，1970年代後半に入ると，EAMは内部監査人の監査手法からは消失したようである。

　かわって，1980年代に入ると，監査の専門家の間では，CAATTs（Computer Assisted Audit Tools and Techniques）を調査あるいは分析のためのアドホックなツールとして利用が始まり，また偶然といえるが同時期に継続的モニタリングの概念が学会で紹介され始めたようである。しかし，自動化された継続的なデータ解析によって監査計画段階で重要なリスク領域を特定するというのが，継続的モニタリングの1つの目的であったのであるが，解析ソフトウェアの操作性の問題，監査人側の技能の問題，あるいは，これが最大の問題であったが企業組織内での従来とは異種の監査アプローチに対する抵抗感によって，定着することはなかった。

　1990年代には，全世界的なレベルで監査の専門家によるCAATTsの利用が，コントロールの不在あるいは不備により引き起こされる事象・兆候を取引データの解析により検出する手法として広く認知され，市販のERPアプリケーションにおいても，アクセス権限テーブルを職務分掌に照らして解析するといった取引データ以外の領域のデータの解析ツールも実装されるよう

になった。しかしながら，監査手法は依然として，全取引母集団を対象とするのではなく，その一部をサンプリングしてテストする手法，それも取引・事業活動が完了した後一定期間を経過してからテストする手法に大きく依存するものであった。

3. 内部監査人による"継続的監査"と経営陣による"継続的モニタリング"の連携

　継続的監査が提供する全取引を監査対象とするリアル・タイム・アシュアランス（リアル・タイムなリスク評価とリスク・アプローチによるコントロールの不在・不備の検出）こそが，現代の企業環境下における内部監査機能のバリューであり，期待される監査目標であるとして，伝統的監査手法から180度転換した新しい監査手法体系といわれる継続的監査を実現するには，相当の負荷を監査機能に要求することになる。独立性の維持とリソースの欠如という現代の内部監査機能が抱える課題のなかで，いかにリアル・タイム・アシュアランスを実現するかは，現実問題としては難しいテーマである。

　リスクを識別・評価し，当該リスクに応じて組織内におけるコントロールを設計，導入そして維持する主たる責任は経営陣にある。一方で，内部監査機能は，独立の立場から，組織のリスク・マネジメント・システムおよび経営陣によって導入されたコントロールを識別・評価する責任を負う。

　内部監査の独立性と限定的な内部監査リソースの現状課題を踏まえれば，継続的監査は，まずは経営陣が企業組織内において継続的モニタリングのシステムを整備・運用し，次に内部監査機能が当該継続的モニタリング・システムの整備・運用状況を継続的監査の手法を用いて評価・検証するという，二重責任のシステムの構築によって初めて実現可能と思われる。**図表3－4**に図示したとおり，継続的モニタリング・システムの存在を前提として，内部監査機能がリスク・アプローチを駆使して，継続的モニタリング・システムがカバーする範囲よりはより限定された範囲を対象に，独立の立場から直

❸ CAATと継続的監査

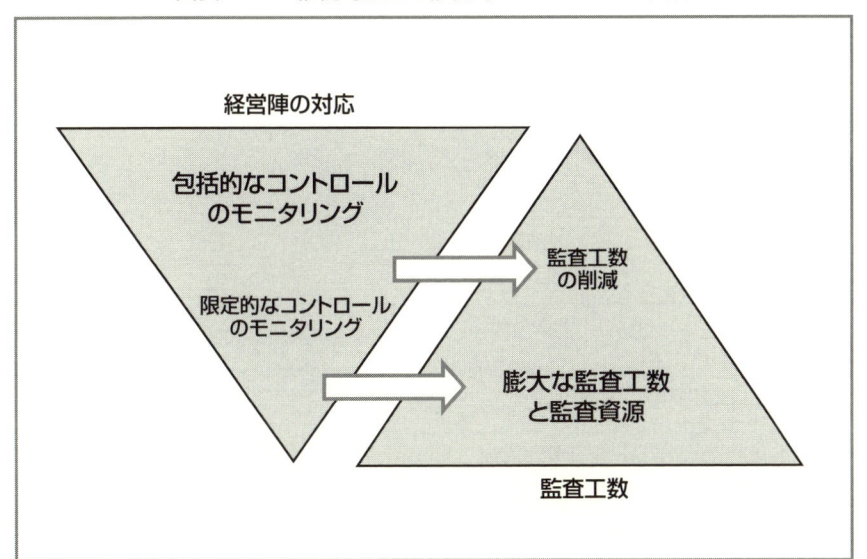

図表3-4　継続的監査と継続的モニタリングの関係

[図：経営陣の対応（逆三角形：包括的なコントロールのモニタリング／限定的なコントロールのモニタリング）→監査工数の削減／膨大な監査工数と監査資源（三角形：監査工数）]

出所：IIA GTAG。

接的あるいは間接的にリスクとコントロールを評価・検証する仕組みこそが，理想的なリスク・マネジメント・システムの姿といえる。**図表3-5**は，COSOによる全社的リスク・マネジメント（ERM）のフレームワークを図示したものであるが，ERMの実践運用を担保するビジネス・インテリジェンス・システムとして，継続的モニタリング・システムと継続的監査システムを機能させるのが理想形ではないだろうか。

なお，ERMとERMに対する内部監査の手法については，本「内部監査実務シリーズ」の第2分冊「リスクマネジメントと内部監査」において，包括的かつ体系的に解説しているので，是非ご参照いただきたい。

図表3-5　COSO ERMフレームワーク

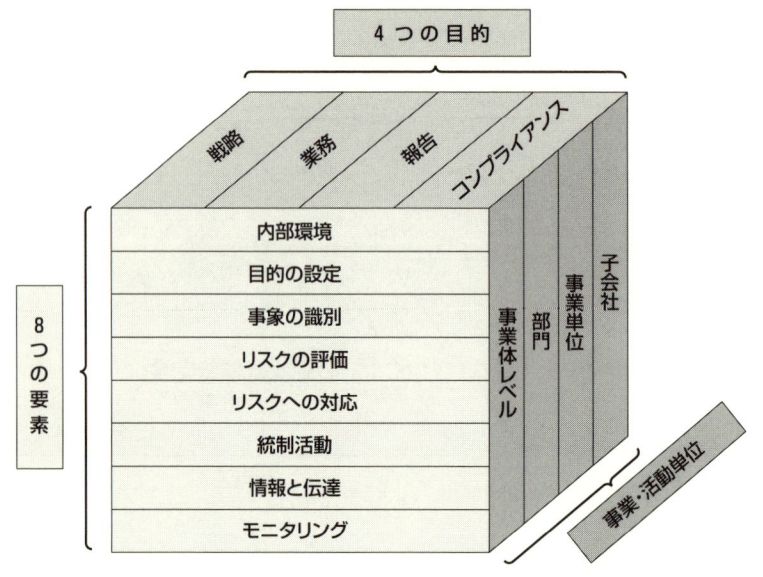

4つの目的: 戦略／業務／報告／コンプライアンス

8つの要素: 内部環境／目的の設定／事象の識別／リスクの評価／リスクへの対応／統制活動／情報と伝達／モニタリング

事業体レベル／部門／事業単位／子会社

事業・活動単位

出所：八田進二監訳・あらた監査法人訳『全社的リスクマネジメントフレームワーク篇』東洋経済新報社，2007年。

4. 継続的監査における2つの目的

　継続的監査は，"リアル・タイムなリスク評価"と"リスク・アプローチによるコントロールの不在・不備のリアル・タイムな検出"を目的とする。

　この2つの目的と，監査注力点，データ分析手法，対応する監査活動あるいは経営管理活動との対応関係は**図表3-6**のとおりである。

　それでは，継続的監査の目的の2つの側面のうち「コントロールの不在・不備のリアル・タイムな検出」の側面について，具体的な監査手続をイメージできるよう，GTAGの例示を基に解説する。

❸ CAATと継続的監査

図表3-6 継続的監査の目的と監査および経営管理活動との関連

		継続的監査	
アプローチ		継続的なリスクの評価	継続的なコントロールの評価
焦点		リスク	コントロール
分析手法		トレンド分析 比較分析 (財務データおよび業務データ)	リアルタイムな 取引の詳細テスト
関連する監査活動	監査計画	過去の検出事項のフォローアップ / 範囲と目標の決定 / 不正,無駄,乱用の識別 / 財務数値の検証	コントロールの検証
関連する経営管理活動	ERM: Enterprise Risk Management	TQM:Total Quality Management / バランス・スコアカード / 事業業績のモニタリング	コントロールのモニタリング

出所：IIA GTAGを基に作成。

1）財務コントロール―（例示）コーポレート・カードによる購買

内部監査人は，現状のコントロールであるカード購買責任者による四半期ごとのきわめて限定的なサンプル・サイズに基づくカード購買取引のチェック手続だけでは，何を購買したかのコントロールが十分でなく潜在的なリスクが高いと判断し，カード購買取引全体を対象にしてカード購買規程に照らしてデータ解析を実施した。その結果，下記の例外事項が検出された。

- コーポレート・カード購買規程に照らしてカードの不適切な使用（旅費に関して）
- コーポレート・カードによる貴金属や酒等の個人的な購買取引
- 権限者以外のカード使用，二重請求，購買承認限度額超過を回避するための分割購買等の疑義ある取引

その後，内部監査人は，疑義のある取引について，カード利用者の部門責任者に詳細な調査を指示した。その結果，不適切な取引に加えて3件の不正取引が検出された。また，監査完了後，当該カード購買責任者による月次での取引モニタリングを支援するためのデータ解析ツールが導入されることとなった。

2）システム・コントロール—（例示）職務分掌

ある企業は，適切な職務分掌の実施を手作業ではなく自動的に検証することを意図してERPを導入した。ERPのプログラミング・チームは，ビジネス・オーナー部門からの情報に基づき，取引タイプごとに設定されたロールに基づくユーザ権限プロファイルをシステム上に登録した。

これに対して内部監査人は，当該プロファイルの設定・登録手続自体には満足したものの，各種ロールのユーザへの実際のアサインメント状況を確認するために，第1四半期の全取引データを対象にしてデータ解析を実施し，取引タイプ別/ユーザ別の総取引件数を把握した。

その結果，同一取引において発注行為と入庫記録行為が同一人物により実施されるという職務分掌上適切でない取引が2件検出された。

その後，ERP上で，新規ロールの追加や既存ロールの変更をともなうような変更が実施される場合には，継続的コントロール評価テストが実施されるようになった。

3）セキュリティ・コントロール—（例示）システム・アクセス・ログ

ある企業では，毎週，システム・アクセス・ログ・ファイルが内部監査人に対して送付されることになっている。内部監査人は，システムへのサイン・オン情報を抽出し，現時点の従業員台帳データとの自動化されたマッチングを実施し，その結果，不一致データは自動的にシステム・セキュリティ責任者に送信され，IDの削除が遅滞なく実施される仕組みが構築されている。

また，過去に同一のユーザが深夜3時にダイアル・アップ・アクセスによ

るログ・オンを試み25回失敗したログが検出されたことがあり，それ以後，内部監査人からの改善提案に基づき，3回ログ・オンにフェイルした場合，当該IDがロックされるようログ・オン・パラメータの変更が実施された。

5. 継続的監査の導入・実施手順

GTAGによれば，継続的監査の導入・実施手順を以下のとおり示している。

STEP 1 継続的監査の目標
- 継続的監査の目標設定
- 経営陣からの理解と協力の取り付け
- 経営陣（ビジネス・オーナー）によるコントロール・モニタリングのレベルの確認
- 監査領域と適用する継続的監査の手法の特定と優先順位づけ
- キーとなる情報システムとデータ・ソースの特定
- 関連するビジネス・プロセスとITシステムの理解
- IT責任者・管理者との関係の構築

STEP 2 データへのアクセスおよび利用
- データ解析ツールの選定，購入
- データ・アクセスおよびデータ解析の技術の開発
- 監査人のデータ解析技能の開発・維持
- データの点検と準備

STEP 3.1 継続的なコントロールの評価
- 重要な統制ポイントの識別
- コントロールの要件定義
- コントロールの不備の要件定義

- コントロールをテストし不備を検出するためのメカニズムの要件定義

STEP 3.2 継続的なリスクの評価
- 評価対象拠点・領域の要件定義
- リスク分類の識別
- ITデータとして設定可能なKPIおよびKRIの識別
- リスクの増減を識別するための分析手法の設計

STEP 4 報告および対応
- 評価項目の優先順位づけと継続的監査の実施頻度を決定
- テストの実行（定期あるいは適時）
- コントロールの不備の検出と増加リスクの識別
- テスト結果の優先順位づけ
- テスト結果の深堀り，報告，モニタリングおよび改善に向けたフォローアップ
- 改善アクション結果の評価
- 継続的監査の実効性（要件定義等の妥当性と成果の十分性）の点検およびテスト・パラメーターの見直し
- 継続的監査システムの信頼性の点検とERM等の企業組織のリスク／パフォーマンスのモニタリングのメカニズムとの整合性の確認

6. CAATの解説（理論編）

(1) CAATの概要

A Computer Assisted Audit Technique（CAAT）とは，コンピュータおよび所定のソフトウェアを利用により自動化された監査技法の総称であり，現代の会計監査実務においては，下記の観点での効果的かつ効率的な監査の

実施を目的として，GLシステム（総勘定元帳システム）を主な調査対象として，広く適用されている監査手法である。

- 伝統的な手作業によるテスト，たとえば，各種マネジメント・レポートの計算の正確性に関するテスト等の自動化
- 手作業によるテストが実務的に困難な場合，たとえば，膨大な件数の売上データを母集団として，多額かつ（あるいは）異常な取引データをマニュアル処理にて抽出しレビューすることが，監査時間の制約等から実務的に不可能な場合におけるテストの自動化

CAATは，あらゆる場面で取引データのレビュー工数を効率化できるだけでなく，監査の効果を向上させることができる。PwC内部での会計監査に関する実態研究結果に基づけば，取引データのテスト手法として，CAATを利用することにより，従来の手作業によるテストと比較して，40％から60％の監査の効率化が達成可能と考えられている。

(2) CAATの効能

伝統的なリスク・アプローチに基づく監査の要諦は，監査人が独立かつ客観的な立場から，以下を実施することにある。

- いかに効果的かつ効率的にリスク（事業リスク，コンプライアンス・リスク，財務報告リスク）を把握・評価し，
- 当該リスクを低減する（防止および摘発）ために設計された内部統制の整備および運用状況を試査によって評価・検証し，
- 内部統制に関する評価・検証後においてなおも残る残余リスクを，試査による実証的な監査技法を用いて発見する。

すなわち，リスク評価，内部統制テストおよび実証性テストは，伝統的な

リスク・アプローチに基づく監査の支柱である。しかしながら，あらゆる取引データが電子データ化されITシステムにより処理される現代企業の情報処理環境を前提とすれば，リスク評価（監査計画），内部統制・実証性テストの監査の主要領域において，手作業による試査を前提とする手続により多くの資源を投入して実施されてきた伝統的な監査手続手法が，その効果および効率性の観点で見直される時期にきているといえる。

　評価者個人の監査知識，経験と勘と監査組織に累積された過去監査での知識・経験を駆使するとはいえ，試査を前提とし，手作業による監査手続に重点をおき，さらにはIT統制を土台とする内部統制に相当程度依拠する伝統的な監査手続手法は，"勘と経験"の域を脱し得ないという見方もある。たとえば，伝統的な監査手続手法は，下記の反論に対して十分にリスク・アプローチに基づく監査の妥当性を主張できるであろうか？

- ステーク・ホルダーあるいは被監査対象部門に対するヒアリング結果および過去の監査経験に依存したリスク評価手続で十分か？
- ローテーション等により選定した監査対象拠点，プロセス，勘定科目等の選定基準は，リスク評価結果に照らして妥当で，かつカバレッジは監査上の心証を得るに十分か？
- テーマ監査における選定テーマはリスクに見合った妥当なテーマか？
- 内部統制テストにおけるサンプリング基準は妥当でかつカバレッジは監査上の心証を得るに十分か？
- 効率性と効果の両観点で，内部統制に依拠する監査アプローチは合理的か？　依拠度合いは妥当か？
- 実証性テストにおけるサンプリング基準は妥当で，かつカバレッジは監査上の心証を得るに十分か？
- 監査対象拠点，プロセス，勘定科目等の選定に際して，あるいは内部統制テストおよび実証性テストのサンプリングに用いた母集団データの正確性と（特に）網羅性は確保されているか？

- 内部統制の枠外で，あるいは評価・検証対象外とした内部統制の領域で発生した不正取引を実証性手続によって十分に検出できているか？

　ネットワーク技術の進化やクラウド・コンピューティングの普及等のテクノロジーの進化によって高度化・複雑化する企業のIT環境，あるいはXBRLを用いた企業内容開示制度のIT化等の企業環境を踏まえれば，内部監査か外部監査（会計監査）を問わず，結果の生成過程であるプロセスおよびシステムに係る内部統制の検証を主軸とする監査アプローチから，結果（監査対象）そのものであるデータ（情報）を直接的に検証する"Direct Data Assurance"への方向転換は，必然といえるかもしれない。

　ITプラットフォーム上で業務・財務データに基づきリスク情報の収集・分析およびコントロールの有効性の検証の仕組みを実装して，経営の執行者側が適時にリスクの認識，自己評価を行う"継続的モニタリング"のシステム（ERPのGRCモジュール）を構築することがERMの究極形であるとすれば，内部監査における究極形は，企業の執行組織が構築・運用する継続的モニタリング・システムを監査対象として，"Direct Data Assurance"の手法による"継続的監査システム"を構築・運用することである。

　内部監査におけるツールとしてのCAATの導入は，なかば理想論とも思える継続的モニタリング・システムおよび継続的監査システムを現実のものとするための前工程としてもきわめて有効であり，内部監査人は，戦略的・政治的にCAATの導入を推進すべきではないか。具体的には，継続的モニタリング/監査のアドホック版/トライアル版とでもいうべきCAATを限定された領域で導入し，CAAT適用による説得力ある結果データによって，業績向上と業務の効率性改善（攻めの観点）およびリスク評価とコントロールの改善（守りの観点）をタイムリーにモニタリングすることの企業経営管理への役立ちをコーポレート・スタッフ機能やCOO，CFO，CIOおよびCRO等のExecutive Officerに対して地道に啓蒙し続けていくべきである。

7. CAATの解説(実務編)

(1) CAATの適用領域

　図表3-7は,テーマ監査における代表的なCAAT適用による手続目標の1例を示したものである。

　内部監査の目的は,事業活動領域別に事業戦略の監査,業務監査,法令コンプライアンス監査あるいは財務報告に係る内部統制の監査,またリスク種類別に不正検出監査,業務効率の監査,あるいは法令,企業方針・戦略および社内規定等に対する準拠性の監査等,それぞれ異なるものの,いずれの監査においても,CAAT適用による監査効率と監査効果の最大化は,以下の

図表3-7　テーマ別監査におけるCAATの活用事例

テーマ	内容
業務監査 (売上・在庫)	架空売り上げ・架空在庫のモニタリング (例:通例でない仕訳の査閲,期末前後の異常な仕訳の査閲,補助元帳と入出庫明細との照合,等)
業務監査 (購買)	資材購入の決裁権限の遵守状況のモニタリング (例:決済権限すれすれ,ないしは,不自然な分割がないかどうかを確認する,等)
業務監査 (経費)	取引先マスタ,不適切な事案,他社事例を参考にした手口・兆候の顕在化のモニタリング,経費の申請・承認状況のモニタリング (例:複数会社の在籍者による経費の二重請求チェック,営業日以外の社用車の私的利用,等)
内部統制監査 (J-SOX対応)	社員マスタ等の登録・変更・削除に関する手順の順守状況のモニタリング(IT全般統制,業務処理統制,等) (例:期中にアップデートされたマスタの査閲と申請書の照合,等)
特命監査	関連当事者取引の有無・状況のモニタリング (例:支払先別データを名寄せして関連当事者リストと照合,等)
その他	業務改善のための分析 (例:システム化による業務改善の領域を見極めるため,マニュアル伝票入力等の担当者別業務量を算定する,等)

4つの監査領域を意識して検討すべきものである。

- 監査計画段階でのリスク評価（Risk Assessment）
- 内部統制のテスト（Tests of Controls）
- 実証性テスト（Substantive Testing）
- 不正検出（Fraud Detection）と不正抑止（Fraud Prevention）

(2) 内部統制のテストへのCAATの活用

CAATによってシステムをウォークスルーして小規模な取引データを抽出し、あるいはシステムのなかでテスト実施のための統合的な仕組みを設計し、取引群を創出することによって内部統制のテストを支援することが可能となる。

内部統制のテストにおけるCAAT利用の最大の利点は、マスター・データ・ファイルであろうが、取引データ・ファイルであろうが区別なく、すべての取引（取引を構成する）データをテストし、内部統制上の欠陥の有無を検証することが可能になるという点である。

以下、図表3-8において、内部統制のテストにおける代表的なCAAT適用領域と方法を、財務報告に係る内部統制監査を事例として解説する。

図表3-8　内部統制のテストへのCAAT適用事例

CAATの利用事例－情報処理－ITアプリケーション・コントロール
CAAT利用の基本的なアプローチは、仮に内部統制（アプリケーション・コントロール）が有効に機能しているとすれば企業のデータ・ファイル上に出現し得ない状況の有無を識別することにある。 　企業の各種データを分析することにより、内部統制が有効に機能していないリスクを識別し、あるいは内部統制が無効化（Override）されているリスクを識別することが可能となるのである。 　内部統制（アプリケーション・コントロール）の有効性評価に関するCAAT適用の事例は下記のとおりである。 ・取引が当該取引について入力権限のある所定のユーザーによってシステム入力されているか否かを特定する。 ・コントロール・パラメーターの範囲外の取引（下記例示を参照）を抽出、テストする。

- 〇 一定の限度額を超える取引
- 〇 ゼロ円の取引
- 〇 マイナス金額の取引（赤残取引）
- 〇 空白のデータ・フィールド
- 〇 不自然な取引（記帳）日付あるいは想定を超える期間
- 〇 不自然なフィールド・データ（たとえば，ロケーション・コード，製品コード等）
- 〇 複数承認が要求される場合における複数承認の欠如
- 〇 所定の承認権限を外れた承認
- 〇 取引データの重複
- 〇 取引番号の欠番あるいは順序の不整合
- 〇 マスター・ファイルに存在しない取引先への代金支払い
- その他のテスト（例示）
  - 〇 注文書出票までの発注手続（データ）フロー
  - 〇 発注書，送り状および入荷書類のスリー・ウェイ・マッチング
  - 〇 出荷情報と請求情報のマッチング

CAATの利用事例－情報処理－IT全般統制（ITGC）

- アクセス・ログのテストの自動化
- アクセス失敗履歴リストの生成
- アクセス権限者リストとアクセス成功履歴との照合
- アクセス権限の変更状況の期間比較表の生成
- アクセス権限設定・変更等に係る異常取引の検出
- システム上のアクセス権限者リストと従業員台帳データとの照合
- システム上のアクセス権限者リストと退職済み従業員のリストとの照合
- いわゆるスーパー・ユーザ等の高度なアクセス権限が設定されたユーザのリストの生成
- 同一ユーザーに対する複数権限の設定状況の調査
- ソフトウェア開発者による本番環境へのアクセス状況の識別
- ソフトウェア開発者以外の者による開発環境へのアクセス状況の識別
- 一定期間アクセスのない休眠ユーザ（Dormant User）リストの生成
- 現行アクセス権限者リストの対前比較による改竄の検出
- プログラム変更テスト（ターゲット・テスト）のためのプログラム変更取引の網羅的な抽出
- プログラム変更トラッキング・ソフトウェア上の変更履歴と登録されたプログラム変更との照合・比較
- システム障害に関するレポートの生成

出所：PwC資料。

(3) 実証性テストへのCAATの適用

　最も広くCAATが利用されるCAAT適用領域は，実証的な分析あるいは実証性詳細テストの領域である。

実証性詳細テストの領域においては、すべての取引についてテスト対象の母集団となる膨大なシステム・データのなかから、ターゲット・テストあるいはサンプリングによるテストでテスト対象とする取引を抽出するためのツールとして、監査の効率性あるいは有効性の観点から、きわめて有効なツールになり得る。

以下、図表3-9において、実証性テストにおける代表的なCAAT適用領域と方法を、会計監査における事例を用いて解説する。

図表3-9　実証性テストへのCAAT適用事例

CAATの利用事例－販売プロセス／売上・売掛金

- 売掛金の消し込み（現金回収、調整、貸倒償却等取引）
  - 特定の売掛金月次残高を対象とし、その後の入金および修正、貸倒償却その他貸方記帳取引の請求書ベースでのマッチングによる消し込みを再実施により検証する。この主たる目的は、計上された売掛金の回収可能性を、その後の入金取引および貸方記帳取引の発生状況を分析することにより検証するものである。
- 売掛金残高確認
  - ACL（Audit Command Language）等のデータ解析ツールを用いて、売掛金残高を母集団として顧客に対してターゲット・テストあるいはサンプリングによる詳細テストを実施する対象を直接確認する対象を選定する。当該ツールを用いれば、残高確認状の生成や残高確認結果履歴の作成が自動化されるという利点もある。
  - 注：ACLは企業情報の検索・解析のための1つのソフトウェア・ツールであり、事前にデータ特定および抽出の条件（パラメータ）をセットすることにより、データの特定および抽出が自動的に実行される。
- 売掛金年齢調べ（Aging Analysis）
  - 特定の売掛金月次残高を対象とし、請求書単位で売掛金の年齢を再計算・集計することにより、売掛金の年齢レポート（管理台帳）の正確性を検証する。企業が、売掛金の年齢レポート（管理台帳）を作成していない場合には、監査人は独自に同内容のレポートを生成し、これに基づき実証的に売掛金の滞留状況等を検証することを可能にする。あるいは、企業が生成する売掛金の年齢レポート（管理台帳）の管理区分が十分に詳細なレベルで設定されていない場合には、独自に詳細なレベルで分析レポートを生成することも可能となる。たとえば、企業が30日、60日、90日滞留の年齢区分しか設定していない場合において、120日、150日の区分を追加設定する等。
- 売上カット・オフ（Sales cut-off）
  - CAATにより、対象会計期間からはずれる出荷日の売上取引の明細を作成する。
- 非定形的な売上データの出所点検

- ○ 総勘定元帳上の売上データを分析し，出所別売上明細レポートを作成する（たとえば，請求システムをソースとする売上等）。非定形的な売上のソース・データに重要性がみとめられる場合には調査を実施すべき。たとえば，過去に認識されていないパターンの請求システム上で計上された非定形的な売上取引等。
- 高額の売掛金残高あるいは未入金の請求書のリストの分析
  - ○ 回収不能となる可能性のある売掛金残高あるいは未入金の請求書にハイライトして分析的テストを実施する。通常高額の売掛金残高あるいは未入金の請求書についての調査を実施すべき。
- 売掛金の赤残リストの作成
  - ○ 資産勘定から負債勘定への振替漏れの可能性を検出すべく，調査すべき重要な売掛金勘定の赤残を特定する。
- 滞留売掛金および回収期日経過の請求書に関する明細の作成
  - ○ 回収不能となる可能性のある売掛金残高あるいは回収期日経過の請求書にハイライトして調査を実施する。通常高額の売掛金残高あるいは期日経過の請求書についての調査を実施すべき。
- 売上の赤伝取引の累計に対するテストの実施
  - ○ リスクの高い勘定を特定するために分析的テストを実施する。返品，値引，割引等の赤伝取引に関する不穏な趨勢にハイライトするために，前の会計期間（月次，四半期，年次）との比較分析を実施すべき。
- 売掛金／請求書残高の階層化
  - ○ 個別売掛金／請求書残高の金額分布を分析する（たとえば，赤残，金額ゼロ，ゼロ円から50万円，50万円から100万円といった階層化）。分析表は，階層毎の残高金額合計も表示させる。この分析表はテスト対象とするデータの性質についての理解を深め，また異常に高額あるいは少額の取引をハイライトすることを目的とする。

CAATの利用事例－購買および買掛金

- 帳簿未計上債務の洗い出し
  - ○ 決算日以後の支払取引と現在の買掛金残高の内訳との紐づけ処理を自動化する方法を利用する。帳簿未計上の債務を洗い出す目的で，決算日以後の支払取引に関して，決算日以前の発生コストであって決算日現在の買掛金残高として帳簿計上されていない債務の有無を識別可能とする分析表を作成する。当該分析表は，決算日現在の買掛金残高として未計上あるいは決算日現在の買掛金残高とアンマッチの状態にある支払い取引の総額（つまり未計上債務の最大値）を表示することによって，追加調査を要する取引アイテムをハイライトするものでなければならない。
- 多額あるいは異常な支払い取引に関する明細表の作成
  - ○ 高いリスクが想定される支払い取引をハイライトするために分析表を作成する。一定の金額を超える支払い取引および異常な取引をリスト・アップすることになる。
    "異常性"の定義については各企業単位で決定する必要があるが，標準的な取引タイプ以外の取引（たとえば，小切手払い，海外銀行への口座振替）あるいは通常取引先以外の仕入先（関連当事者や従業員等）は含まれることになる。
- 仕入先に対する二重払いの明細の作成

○ 当該明細表は，複数の同種の支払い取引にハイライトすることによって仕入れ先に対する二重払いの可能性ある取引と表示するものである。仕入先名，仕入先コード，請求書番号，請求書金額，発注番号等の情報の関連をみた場合に同一の情報をもっている場合には，同一の支払い取引と考えられる。
- 買掛金残高確認
  ○ CAATは仕入先に対する買掛金残高確認に際して，特定項目抽出あるいは監査サンプリング抽出の方法で確認先を抽出する場合に活用される。CAATを活用すれば，確認状の自動出力と確認状発送先からの回答状況をログとして記録することが可能となる。

CAATの利用事例－有形固定資産

- 重要な有形固定資産の取得および売廃却の明細表の作成
  ○ リスクの高い有形固定資産の取得および売廃却取引をハイライトして，分析を実施する目的で，あるいは詳細テストの実施対象とする取引を選定する目的で，当該明細表が利用されることになる。この明細表は，分析レベルをより精緻にするために取引金額別または資産種類別にソートして作成されることもある。
- 固定資産アイテムごとの減価償却費計算の正確性の検証
  ○ CAATは，固定資産台帳上のデータ（耐用年数，取得日，資産種別等）に基づき，減価償却費の再計算チェックを可能とする。極端に耐用年数が長い資産群，異常な取得日あるいは減価償却累計額が取得原価を超過する資産群にハイライトして再計算を適用することも有用である。
- 固定資産関連支出の不適切な資産計上
  ○ 固定資産計上されたすべての支出アイテムの明細表を作成し，資産種類別あるいは支出区分別（人件費，購入経費あるいは配賦間接費）にソート・集約する。資産種類別あるいは支出区分別に高額のアイテムをハイライトするようにソートするアプローチも有効である。
  さらに，当該明細表は通常，月次，四半期あるいは年次といった各期間の明細表として作成することになる。

CAATの利用事例－棚卸資産および製造原価

- 不良在庫，過剰在庫および不動在庫の明細表の作成
  ○ 現時点で保有する在庫の数量を過去の荷動きあるいは計画上の荷動きと比較・分析する。分析表は，将来予想される荷動きに対して何ヵ月・何年分の在庫を現時点で保有しているかを示すものとなる。当該分析表は，とくに高額でかつ荷動きが悪いアイテムにハイライトし，さらに在庫引当金が十分に設定されているか否かの評価をサポート可能な分析表とする必要がある。
- 異常な在庫数量，在庫原価および適用欄の記載内容に関する明細の作成
  ○ 異常な在庫アイテムに関する分析的テストを実施する。マイナス残高あるいはユニット原価，極端に大きい残高数量ないしはユニット原価，および異常な数量あるいはユニット原価（たとえば，999999等）がテスト対象となる。
- 経年在庫あるいはカタログ落ち品在庫の把握

- 在庫の年齢および個別在庫アイテムごとの最終の費消・販売日付を表示する明細表を作成する。当該明細表は、とくに古い、あるいはきわめて動きの悪い在庫アイテムにハイライトするようソートされ、さらに在庫引当金が十分に設定されているか否かの評価をサポート可能な分析表とする必要がある。
- 実地棚卸立会に際して実数カウントすべき在庫アイテムの抽出
  - CAATは統計的項目抽出あるいは特定項目抽出の方法により数量カウントすべき在庫アイテムの抽出に利用可能である。統計的項目抽出法は、すべての母集団在庫に対して統計的に実地棚卸立会を実施する必要がある場合には、必要となる手法である。特定項目抽出法は、CAATを活用することにより、高額品あるいはリスクの高い在庫アイテムにフォーカスして抽出することが可能となる。
- 在庫継続記録(受払い台帳)の計算の正確性を検証する
  - CAATは、各種の在庫報告に関してその計算の正確性の検証を自動化できる。たとえば、実地棚卸に際して、使用済みの棚卸タグ、未使用の棚卸タグおよび書き損じ・廃棄した棚卸タグの集計表が該当する。あるいは、棚卸タグの脱漏あるいは重複の検出にもCAATは利用される。
- 市場価値を原価が上回る在庫アイテムの明細表の作成
  - 完成品については直近の販売価格と比較し、原材料については直近の購入価格と対比することにより、各在庫アイテムの原価を当該アイテムの市場価値との比較分析を実施する。当該明細表は、現在の市場価値を原価が上回る在庫アイテムをハイライトし、在庫引当金が十分に設定されているか否かの評価をサポート可能な分析表とする必要がある。
- 在庫評価計算の妥当性の検証(先入先出法、後入先出法、平均法等)
  - CAATは、先入先出法、後入先出法あるいは平均法等の各種の在庫評価方法による受払計算の正確性を検証するために利用可能である。これによって、在庫受払計算・評価上のエラーをハイライトすることが可能となる。
- 在庫の個当たり原価および在庫数量についての前期比較分析表の作成
  - 在庫残高の異常な変動をハイライトするために、在庫の個当たり原価および在庫数量についての前期比較分析が有用である。必要と認めた場合には、異常変動内容についてフォローアップを実施することになる。
- 異常な在庫取引についての分析
  - 取引タイプ別、あるいは取引金額階層別に在庫取引状況の要約表を作成する。異常な取引タイプあるいは異常な金額の取引については、その重要性に応じて追加調査を実施することになる。

CAATの利用事例-その他のテスト

- 各種レポートおよび残高の計算の正確性の検証
  - 計算の正確性はすべての監査対象に対して適用可能であり、またあらゆるレポートおよび表をテストする場合において最初に実施すべき基本的な手続ステップである。CAATはレポートや表の数値・金額の累計計算の検証のみならず年齢調べ等のその他の関連する計算の正確性を検証する目的でも、利用可能である。
- データの解析・評価

- ACLでは，一連の標準的なデータ解析ツールとして，計算の正確性のチェック，数値・金額の階層化，データ・フィールド・パターンの解析，ベンフォードの法則やその他の解析ツールが用意されている。これらの各種の解析によって，あらゆるデータ・セットに対して初期段階より潜在的に異常あるいはリスクの高いアイテムの特定が可能となる。
- 非定形的な仕訳伝票のレビュー
  - CAATは非定形的な仕訳伝票の一覧表を作成に利用可能である。"非定形的"の定義づけは企業ごとに実施する必要があるが，少なくとも，マニュアル伝票，仕訳のソース（転記元）が不明あるいは未記入の伝票，一定の金額基準を超える伝票，権限者以外のユーザーにより起票された伝票等は調査対象に含める必要がある。当該一覧表に基づいて，追加調査すべきアイテムを抽出することになる。
- 監査サンプリング
  - 統計的サンプリングのみならず，非統計的サンプリングにおいても統計的アプローチの適用が適切な場合もある。現在，最も一般的に利用される2種類の統計的監査サンプリングは"属性サンプリング"と"金額サンプリング"である。
  - 属性サンプリングでは，テスト対象項目のランダム抽出，抽出されたサンプルに関して特定の条件・属性の有無（たとえば発注書における承認の有無）を検証し，そして特定のコントロールが存在することについて証拠を入手するためのテスト結果に基づく母集団全体の推定が順次実施される。
  - 金額サンプリングでは，テスト対象項目のランダム抽出，抽出されたサンプルにおける計上金額の正確性の検証，そして帳簿計上残高についての証拠を入手するためのテスト結果に基づく母集団全体の推定が順次実施される。
  - CAATを利用すれば，設定された重要性の基準値と必要とする統計上の信頼度に基づいて適切なサンプル・サイズを計算し，サンプルを選定し，そしてサンプルに対するテスト結果を評価するところまで効率的に実施することが可能となる。
- 特定項目抽出（ターゲット）テスト
  - 特定項目抽出テストは監査サンプリングとは異なり，監査対象を任意抽出するのではなく，特定の分類基準を用いてリスクの高い領域を特定して集中的にテストを実施するテスト・アプローチである。
  - 売掛金の残高確認手続を例にとれば，一定の金額基準を設定してそれを超過する残高全件について残高確認書を送付するアプローチは特定項目抽出テストである。もう1つ例示するとすれば，売上取引を取引タイプコード別に集計し，通常でない取引タイプに集計された全取引を母集団として，一定の金額基準を設定し，それを超過する取引群に対して追加的な詳細テストを組立てる方法も特定項目抽出テストの1例である。
  - 特定項目抽出テストは，本来的にはリスクに焦点を当てて，より効率的にリスク・アプローチによる監査を達成することを目指すテスト・アプローチであることから，テスト対象として抽出する取引を如何に絞り込むかが重要であるが，CAATを用いれば，大きなデータ母集団から特定の分類基準を用いてテスト対象を容易に抽出することが可能となる。また，経験値によってテスト対象とするデータに関する監査人の理解が深まるにつれ，特定の分類基準をタイムリーに修正して，より一層リスクにフォーカスした取引選定が可能になっていくという相乗効果も期待できる。

- 関連当事者間取引の網羅的な把握
  - CAATの活用によって関連当事者間取引のテストに対して十分なカバレッジを確保することが可能となる。CAATのソフトウェアによって，特定の取引ファイルに対して取締役，関連会社あるいは執行役員等の主要な関連当事者の氏名を検索するようにデザインすることができる。検索可能な取引ファイルには，入出金取引，売上取引，その他の総勘定元帳上の記録（とくにマニュアル仕訳）等が含まれる。当該レポートは金額階層あるいは関連当事者別のソートすることにより，追加的なフォローアップあるいはテストの要否を判断するのに有用な資料となる。
- 脱漏および重複の分析
  - 一連の取引における取引記録の脱漏あるいは重複の検出は，多くの監査領域において適用される共通のテストといえる。脱漏および重複の検出テストはたとえば以下の領域で実施されている。
    実地棚卸における棚卸タグ
    支払帳票における管理番号
    売上台帳における請求書番号
    購買システムにおける発注番号
    人権費システムおける従業員番号

出所：PwC資料。

(4) 不正検出あるいは防止のためのCAATの適用

　不正リスクについては，企業の事業リスクの１つに過ぎないが，ときとして企業の財産およびはブランド・イメージに重大な損害を与え，あるいは他の事業リスクを相乗的に増加させることによって，結果として企業の持続的成長に対して重大な障害をもたらしかねないという意味で慎重に対処する必要がある。

　PwCの2009年度グローバル経済犯罪意識調査（**図表３-10**）によると，世界的な景気後退により，失職や業績連動型報酬に対する不安/不満が増している経済・経営環境を反映して，不正リスク増加の原因としては，３分の２の回答者がインセンティブまたはプレッシャーと答えている。

　このように不正のインセンティブまたはプレッシャーが増大している状況を考慮すれば，すでに内部統制の一定の仕組みが確立・運用されている組織に対しては，管理職や従業員の不正を働く"機会"のみならず"動機"をも抑制・牽制する仕組みづくりが課題となり始めている。１つの有効な方法と

図表3-10　2009年度PwCグローバル経済犯罪意識調査

■不正トライアングル
1. 68%の回答者：
不正リスク上昇は「動機・圧力」の増加によりもたらされると考えている。
2. 18%の回答者：
「機会の増加」が不正リスクの増加の最大の原因であると回答している。
3. 14%の回答者：
「正当化」能力が不正リスク増加の主要な要素であると答えている。

■動機・圧力増加の要素
1. 47%：財務目標実現の困難化
2. 37%：職を失うことへの心配
3. 27%：もっと奨励金が欲しい
4. 25%：経営幹部が期待する財務成績達成のため
5. 23%：当年度はボーナスを受けていない

不正トライアングル

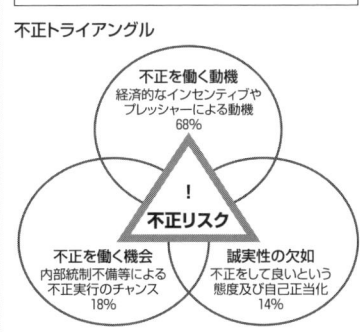

不正を働く動機
経済的なインセンティブやプレッシャーによる動機
68%

不正リスク

不正を働く機会
内部統制不備等による不正実行のチャンス
18%

誠実性の欠如
不正をして良いという態度及び自己正当化
14%

図2　不正行為従事にいたらせる動機・圧力増加の要素

財務目標実現の困難化	47
職を失うことへの心配	37
もっと奨励金がほしい	27
経営幹部が期待する財務成績達成のため	25
当年度はボーナスを受けていない	23
財務成績の維持のために貸手が貸付限度	18
賄賂によって契約を取れると考える	13
その他要素	14

％ 動機/圧力

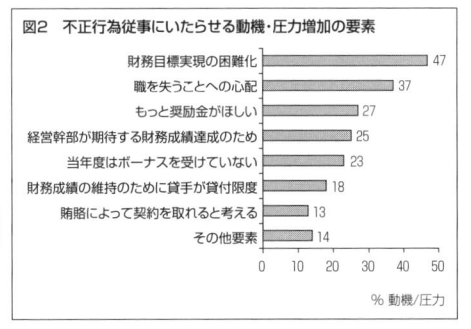

出所：PwC資料。

して，CAAT等を利用した"不正の手口別"あるいは"不正リスク領域別"のシナリオ・アプローチが推奨されている。

とくに，新興国の現地法人での不正対応手段として，日本の本社事業部門（第1防衛ライン），本社コーポレート・スタッフ部門（第2防衛ライン）あるいは本社内部監査機能（最終防衛ライン）がCAATを利用して現地のデータを「遠隔操作で何時でも全部みることができる」という仕組みが出来上がれば，現地従業員サイドからみれば"不正を働く動機"に対する効果的な抑止力となり得る。

1）"不正の手口別" CAAT適用アプローチ

不正は個別案件ごとに固有の手口をもつこともあるが，概して，業界・地

図表3-11　CAAT適用による不正手口別アプローチ

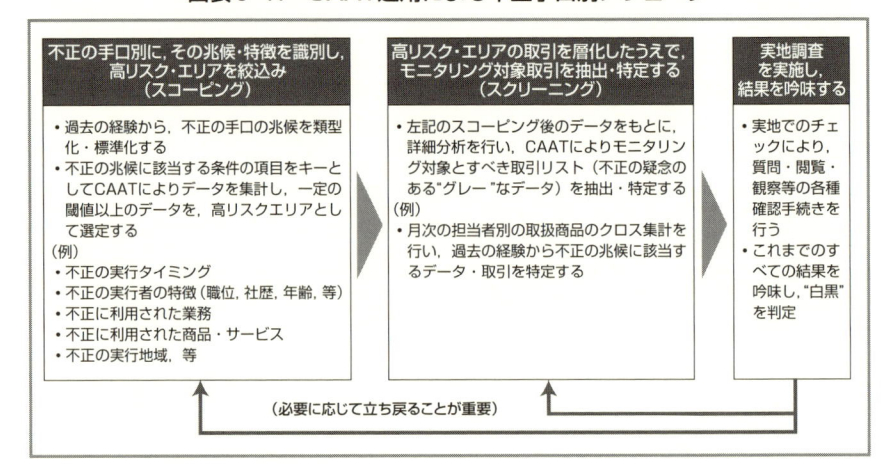

不正の手口別に，その兆候・特徴を識別し，高リスク・エリアを絞込み（スコーピング）	高リスク・エリアの取引を層化したうえで，モニタリング対象取引を抽出・特定する（スクリーニング）	実地調査を実施し，結果を吟味する
・過去の経験から，不正の手口の兆候を類型化・標準化する ・不正の兆候に該当する条件の項目をキーとしてCAATによりデータを集計し，一定の閾値以上のデータを，高リスクエリアとして選定する （例） ・不正の実行タイミング ・不正の実行者の特徴（職位，社歴，年齢，等） ・不正に利用された業務 ・不正に利用された商品・サービス ・不正の実行地域，等	・左記のスコーピング後のデータをもとに，詳細分析を行い，CAATによりモニタリング対象とすべき取引リスト（不正の疑念のある"グレー"なデータ）を抽出・特定する （例） ・月次の担当者別の取扱商品のクロス集計を行い，過去の経験から不正の兆候に該当するデータ・取引を特定する	・実地でのチェックにより，質問・閲覧・観察等の各種確認手続きを行う ・これまでのすべての結果を吟味し，"白黒"を判定

（必要に応じて立ち戻ることが重要）

域のビジネス慣行，顧客・取引先と特殊な関係，あるいは企業・組織風土，人間関係・人脈等の切り口で，共通の手口が識別され得るものである。よって，各企業ごとに過去の不正事例経験を基に，不正の手口別にシナリオを設定して不正の兆候とデータの紐づけを行い，不正の兆候を示すデータの類型化および標準化を実施したうえで，CAATを使用してハイ・リスク・エリアの特定を行う"不正の手口別"アプローチは，不正の検出を主たる目的とする場合には効果的なアプローチといえる。

図表3-11は，"不正の手口別"のアプローチを図示したものであるが，スコーピング，スクリーニング，そして判定に至るプロセスのなかで，CAATによりスクリーニングされたグレーなデータに基づき不正の疑義についての最終結論を導き出すには，データ監査では限界があり，やはり過去の監査事例・経験に基づく現地調査の成否が最終的な決め手となる。

2）"不正リスク領域別" CATT適用アプローチ

一方で，**図表3-12**は"不正リスク領域別"のアプローチを図示したものである。このアプローチでは，事業領域/業務プロセス別の切り口で，過去

図表3-12　CAAT適用による不正リスク領域別アプローチ

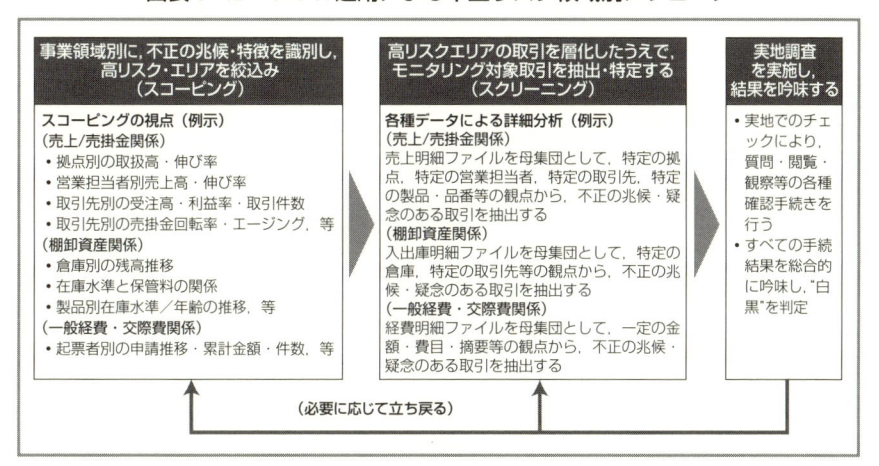

事業領域別に,不正の兆候・特徴を識別し,高リスク・エリアを絞込み（スコーピング）	高リスクエリアの取引を層化したうえで,モニタリング対象取引を抽出・特定する（スクリーニング）	実地調査を実施し,結果を吟味する
スコーピングの視点（例示） (売上/売掛金関係) ・拠点別の取扱高・伸び率 ・営業担当者別売上高・伸び率 ・取引先別の受注高・利益率・取引件数 ・取引先別の売掛金回転率・エージング，等 (棚卸資産関係) ・倉庫別の残高推移 ・在庫水準と保管料の関係 ・製品別在庫水準／年齢の推移，等 (一般経費・交際費関係) ・起票者別の申請推移・累計金額・件数，等	各種データによる詳細分析（例示） (売上/売掛金関係) 売上明細ファイルを母集団として，特定の拠点，特定の営業担当者，特定の取引先，特定の製品・品番等の観点から，不正の兆候・疑念のある取引を抽出する (棚卸資産関係) 入出庫明細ファイルを母集団として，特定の倉庫，特定の取引先等の観点から，不正の兆候・疑念のある取引を抽出する (一般経費・交際費関係) 経費明細ファイルを母集団として，一定の金額・費目・摘要等の観点から，不正の兆候・疑念のある取引を抽出する	・実地でのチェックにより，質問・閲覧・観察等の各種確認手続きを行う ・すべての手続結果を総合的に吟味し，"白黒"を判定

（必要に応じて立ち戻る）

の不正事例経験に基づき，事業領域に固有の不正の兆候とデータの紐づけを行い，不正の兆候を示すデータの類型化および標準化を実施したうえで，CAATを使用してハイ・リスク・エリアの特定を行うアプローチである。

不正リスクのみならず，特定事業領域における戦略・方針適合性，業務効率，財務報告の信頼性あるいは法令コンプライアンス等に関するリスクを広範に把握しながら，そのなかで不正の兆候を検出するアプローチである。広範なリスク指標と業績指標とをあわせて俯瞰して不正リスクを吟味できるという意味で，このアプローチもやはり効果的な不正検出のアプローチといえる。

3）不正検出のためのCAATの効能～従来手法との対比

不正は，業界・地域のビジネス慣行，顧客・取引先と特殊な関係，あるいは企業・組織風土，人間関係・人脈等の切り口で，各企業ごとに共通の手口が識別され得るものであることから，不正の手口別あるいは不正リスク領域別に，リスクあるいは不正の兆候を類型化する必要がある。類型化にあたっては，企業グループ内の組織別あるいは地域別等の切り口で，過去の不正に

図表3-13 不正調査におけるCAAT利用のアドバンテージ

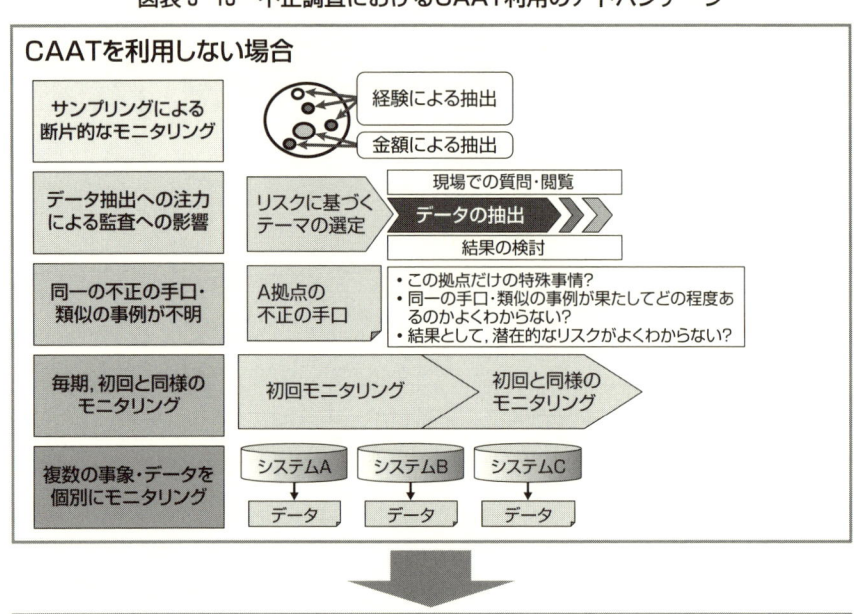

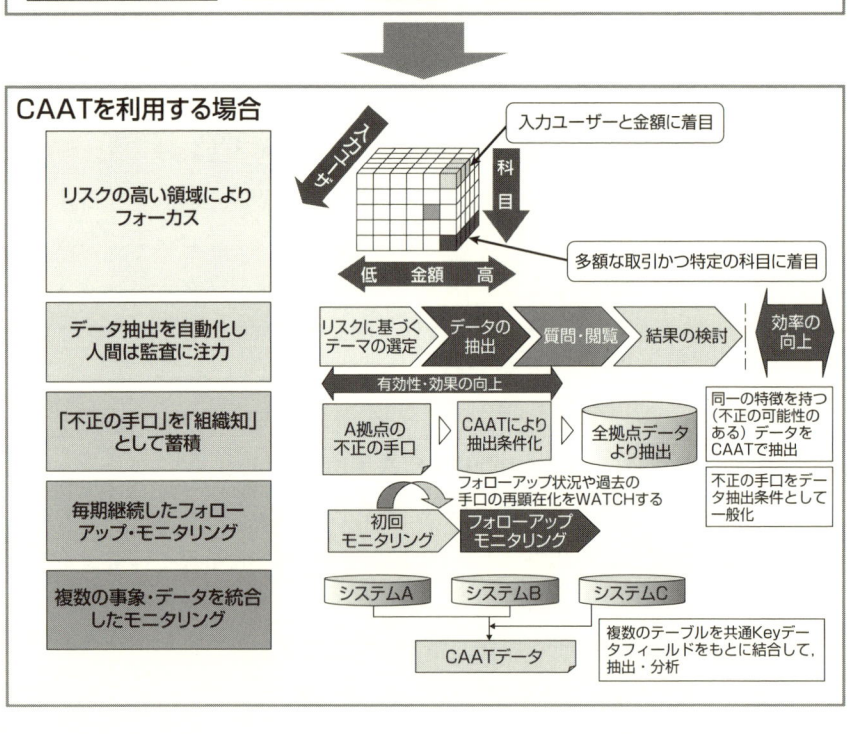

CAATを利用しない場合

- サンプリングによる断片的なモニタリング
  - 経験による抽出
  - 金額による抽出

- データ抽出への注力による監査への影響
  - リスクに基づくテーマの選定 → 現場での質問・閲覧 / データの抽出 / 結果の検討

- 同一の不正の手口・類似の事例が不明
  - A拠点の不正の手口
    - この拠点だけの特殊事情?
    - 同一の手口・類似の事例が果たしてどの程度あるのかよくわからない?
    - 結果として、潜在的なリスクがよくわからない?

- 毎期、初回と同様のモニタリング
  - 初回モニタリング → 初回と同様のモニタリング

- 複数の事象・データを個別にモニタリング
  - システムA / システムB / システムC
  - データ / データ / データ

↓

CAATを利用する場合

- リスクの高い領域によりフォーカス
  - スライス / チーム / 科目 / 低 金額 高
  - 入力ユーザーと金額に着目
  - 多額な取引かつ特定の科目に着目

- データ抽出を自動化し人間は監査に注力
  - リスクに基づくテーマの選定 → データの抽出 → 質問・閲覧 → 結果の検討 → 効率の向上
  - 有効性・効果の向上

- 「不正の手口」を「組織知」として蓄積
  - A拠点の不正の手口 → CAATにより抽出条件化 → 全拠点データより抽出
  - 同一の特徴を持つ(不正の可能性のある)データをCAATで抽出
  - 不正の手口をデータ抽出条件として一般化

- 毎期継続したフォローアップ・モニタリング
  - 初回モニタリング → フォローアップモニタリング
  - フォローアップ状況や過去の手口の再顕在化をWATCHする

- 複数の事象・データを統合したモニタリング
  - システムA / システムB / システムC → CAATデータ
  - 複数のテーブルを共通Keyデータフィールドをもとに結合して、抽出・分析

関する経験値を積み重ねて分析・吟味することによって，組織知を毎年毎年積み重ねる努力が必要となる。

CAATは，限られた内部監査リソースの範囲内で，広範囲を監査対象として過去の不正に関する分析・吟味結果の経験値（組織知）をデータとしてCarry-forwardし，その経験値をKRIとして，組織別あるいは地域別等に区分保管されたデータに横串を入れて異常値を検出することを容易に実現可能にするものである。

またCAAT利用によって，監査リソースを不正事実の最終判断のための現地調査に重点的に配分することが可能となるため，不正調査の深度は自然と年々深くなり，不正に関する組織知は年々その厚みを増すことになる。

図表3-13は，CAATを利用しない不正調査と対比するかたちでCAATを利用した不正調査の効能を明示的に図示したものである。

(5) CAATによる不正検出事例研究

1) 売上予算達成のプレッシャー

図表3-14では，たとえ季節性を加味したとしても，トレンドをあきらかに逸する収益計上が月末にみとめられる。また，5月末における売上伝票の青伝・赤伝がそれぞれ多額に処理されており，押し込み販売と月次決算締切り後の返品・取消の疑念が生じている。6月四半期決算末日の売上が突出して高額なため，7月初旬の返品・取消に注意を要する。

押し込み販売の懸念がある場合には，返品，売上訂正，リベート等のトレンドおよび内容を精査し，さらに物品の動き等との整合性を確認することになる。また，得意先別売上内訳の詳細分析および前年同期比較を実施したうえで，質問・閲覧，証票突号等の現地調査を展開することになる。

2) マニュアル仕訳投入に潜む不正の手口（癖）

一般的に職務分掌が整備されていない場合，あるいは業務担当者と経理担当者の結託や組織ぐるみの不正の場合においては，マニュアル仕訳は典型的

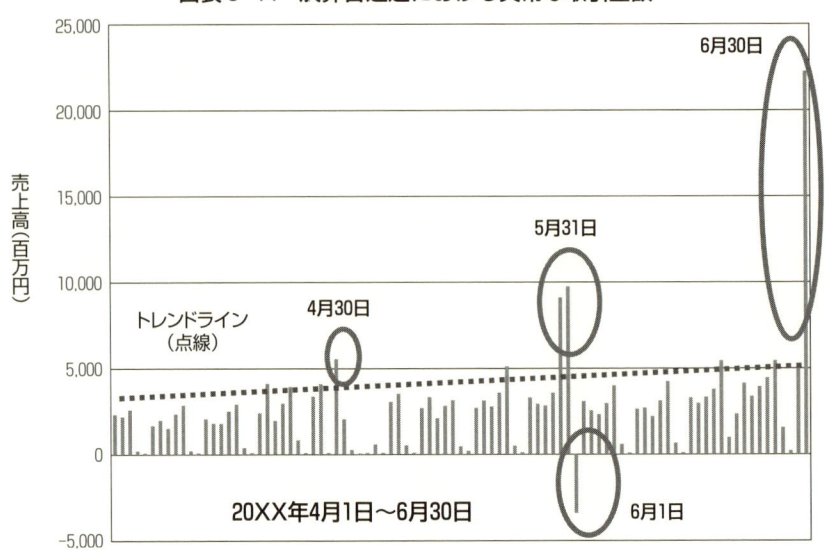

図表 3-14 決算日近辺における異常な取引金額

(グラフ：売上高(百万円)、20XX年4月1日～6月30日、トレンドライン(点線)、4月30日・5月31日・6月1日・6月30日に異常値)

　にリスクの高い不正領域となる。仕訳担当者が交代した場合等は，仕訳投入パターンを過去から時系列で分析した場合，担当者等の交代を契機として過去の異常値が際立って確認されるケースがある。逆にいえば，継続的に行われているマニュアル仕訳を利用した不正は，常時より細心の注意を払って，仕訳パターンの異常をモニタリングしていないかぎり検出することは困難といえる。

　図表 3-15のように，適切な月次決算を前提とすれば，取引日から1ヵ月を経過して投入された仕訳には何らかの特殊事由があるものと想定される。この場合，自動仕訳・手動仕訳に分類したうえで，伝票タイプ（区分）ごとの詳細分析を行い，詳細分析結果を基に，イレギュラーな伝票を特定し，摘要の確認，担当者への質問，証憑突合せ等を行い，適切な会計処理がなされているかを確認することになる。

　このほかに，会計期間をとおしてきわめて少ない一定回数未満しか利用されない科目を含む仕訳の抽出・査閲（**図表 3-16**）や，通例では起こりえな

❸ CAATと継続的監査

図表 3-15 取引日付と伝票日付の異常な乖離

起票日付と会計日付の差異	伝票件数	借方金額	貸方金額	PL影響額
-60	72	(1,727,644,235)	1,729,245,511	952,240,478
-31	263	(15,856,848,156)	15,856,844,424	(12,173,775,623)
-20	7	1,054,301,266	(1,053,709,215)	6,302,585
-10	88	950,045,412	(950,362,040)	34,558,148
-5	74	254,759,791	(260,685,104)	126,247,029
-3	48	53,613,332,797	(5,359,558,056)	73,749,491
0	184	67,252,820,329	(67,258,019,396)	193,129,812
3	1,084	267,899,742,516	(267,902,768,568)	503,719,701
5	702	69,862,735,391	(69,866,460,403)	1,403,836,872
10	2,063	176,141,834,163	(176,112,604,457)	835,707,050
20	729	132,554,642,303	(132,555,205,252)	17,270,671,805
31	236	48,879,754,073	(48,881,149,412)	4,616,813,671
60	115	119,927,196,854	(119,927,234,670)	(5,730,004,294)
90	0	-	-	-
TOTAL	5,665	872,554,672,504	(872,541,666,638)	8,113,196,725

い組み合わせの仕訳の抽出・査閲（図表3-17）等にも留意する必要がある。

さらに，職務分掌の不備をついた不正，あるいはシステムへの不正アクセスをも組み合わせた根の深い不正も念頭において分析を実施する必要もある。図表3-18は，起票者と承認者の組み合わせがイレギュラーな伝票に注視（承認権を有するA000003のアカウントの利用方法）しており，パスワードの漏洩の可能性も含めて，事実関係を掘り下げることになる。また，特権ユーザIDによる処理については，金額や件数に着目し，場合によっては当該IDの利用状況・タイミング，伝票タイプ等をさらに詳細に分析する必要がある。

3）決済権限規定破り

多額な取引を意図的に少額に分割記録することにより，決裁権限規定への

抵触を形式的に回避する不正（実質は決裁権限規定違反である）は，実務上少なからず行われている。この場合，**図表3-19**のとおり，決裁権限伝票番号，伝票タイプ，事業部門，会計日付等に着目しつつ，不自然な伝票がないか確認する必要がある。

図表3-16　異常な仕訳伝票起票回数

番号	勘定科目コード	勘定科目名	回数	借方金額	貸方金額	PL影響額
1	307901	仮受金	9	7,822,791	(7,364,208)	-
2	103201	前払保険料	8	74,490,150	(1,080,240)	-
3	307801	未払法人税及び住民税	8	42,347,100	-	-
4	204501	車両運搬	7	-	(258,489)	-
5	617901	営業外費用	7	22,120,800	-	22,120,800
6	101302	売掛金-関係会社	6	7,666,377,624	12,405,805,944	-
7	102401	貯蔵品	6	23,760,000	-	-
8	408201	長期借入金	6	675,000,000	(4,040,000,000)	-
9	619201	固定資産廃棄損	6	75,592,914	(71,813,268)	3,779,645
10	617101	支払利息	5	3,530,499	(512,517)	317,982
11	102301	原材料	4	14,363,580	-	-
12	307C01	未払税金・事業税	4	17,541,300	-	-
13	307701	預り金	2	24,019,500	-	-
14	203X01	未収消費税	1	522	-	-
15	307X01	未払消費税	1	31,076,100	-	-
TOTAL			80	8,677,952,880	(16,526,834,666)	28,918,428

図表3-17　異常な仕訳パターン

No.	伝票番号	勘定科目コード	勘定科目名	伝票タイプ	摘要	会計日付	登録日付	借方金額	貸方金額	PL影響額
1	2006139	307B01	未払費用	SA（手動）		2006/9/30	2006/9/24	5,010,450	-	-
1	2006139	712101	売上	SA（手動）		2006/9/30	2006/9/24	-	(5,000,450)	(5,000,450)
1	2006139	307Z01	仮受消費税	SA（手動）		2006/9/30	2006/9/24	-	(10,000)	-

- 異常な売上の相手勘定に注目する。
- 売上取引に関する手動仕訳には常に注目する。
- 摘要の記載が無いことの異常性に注目する。
- 登録日付と記帳日の関係の異常性に注目する。
- 異常な消費税率に注目する。

③ CAATと継続的監査

図表3-18 自己承認伝票と特権ユーザによる伝票起票

入力ユーザーID	承認ユーザーID	レコード数	入力金額合計
A000001	A000012	131	978,770,304
A000002	A000012	123	5,855,457,816
A000003	A000012	111	5,747,363,657
A000003	A000003	10	2,500,000
A000003	A000012	115	3,970,814,043
A000005	A000012	118	10,057,661,403
A000006	A000019	124	10,252,004,109
A000007	A000019	139	8,462,145,015
A000008	A000019	124	8,476,847,523
A000009	A000019	126	1,289,579,187
SAPAdmin	SAPAdmin	3	2,071,282,671
SAPBACHT-A	SAPAPP-A	2,307	278,393,759,200
SAPBACHT-B	SAPAPP-B	2,846	104,163,630,285
TOTAL		6,277	439,721,815,213

- 自己承認取引（承認権者同士の組み合わせ）： A000003 / A000003 の行
- 特権ユーザーによる記帳： SAPAdmin / SAPAdmin の行

図表3-19 伝票分割

番号	伝票番号	事業部門	伝票タイプ	会計日付	登録日付	借方金額	貸方金額	PL影響額
1	20066047	GH01	KR（手動）	2006/7/30	2006/8/2	998,838	(998,838)	998,838
2	20061907	GH01	KR（手動）	2006/4/1	2006/4/20	998,727	(998,727)	998,727
3	20061529	GH01	KR（手動）	2006/4/1	2006/4/20	998,727	(998,727)	998,727
4	2006313	GH01	SA（手動）	2006/5/1	2006/5/31	992,100	(992,100)	992,100
5	20063628	LH01	SA（手動）	2006/6/1	2006/6/30	992,100	(992,100)	992,100
6	20061343	GH01	SA（手動）	2006/7/1	2006/7/31	992,100	(992,100)	992,100
7	2006540	LH01	SA（手動）	2006/8/1	2006/8/31	992,100	(992,100)	992,100
8	20063675	GH01	SA（手動）	2006/9/1	2006/9/29	992,100	(992,100)	992,100
9	20066293	GH01	SA（手動）	2006/6/30	2006/7/7	993,783	(993,783)	992,100
10	20066629	GH01	KR（手動）	2006/7/25	2006/7/25	999,048	(999,048)	－
11	20069598	LH01	DR（手動）	2006/9/18	2006/10/5	996,861	(996,861)	－
12	20069100	LH01	SA（手動）	2006/9/30	2006/9/30	996,816	(996,816)	－

同種の取引で、伝票番号が乖離？（損益影響額等も加味して疑念のある取引を抽出）

(6) CAATにおけるデータへのアクセス

 図表3-20は，ERP（SAP）の総勘定元帳データに対してCAATを適用するにあたって，内部監査部門からIT部門に対するデータ提供依頼書を例示したものである。

 CAATを初度適用する場合には，データの受け渡しにあたって，データの対象範囲（会計期間等），データ・フォーマット，受け渡し媒体，セキュリティ対策，分析に必要なマスタ・データあるいは取引データ・フィールドの構成内容，企業に固有の設定（カスタマイズ等）の状況等を両部門間で確認しておくことが，後々の手戻りによる追加工数を削減するために重要である。

 ERPを全社的に標準仕様で導入している場合にはデータの入手に関する考慮事項は少なくて済むが，ERPを導入している場合でも標準仕様からのカスタマイズあるいはアドオンを多用している場合，他システムからのインターフェースを多用している場合等は，データ入手方法について入念な準備が必要となる。自社開発システムにおいては，よりいっそうのCAAT適用前工程の工数を想定しておく必要がある。

3 CAATと継続的監査

図表3-20 IT部門に対するCAATデータ提供依頼書(例示)

総勘定元帳データの提出に関する依頼書

目的:内部監査において総勘定元帳の取引仕訳データをCAAT(コンピュータ利用監査技法)を利用して分析することを想定しているため,以下に記載した対象範囲の総勘定元帳データのご提出を依頼いたします。

データ分析の対象範囲:
- 20XX年3月期の第1四半期,第2四半期に計上されているすべての総勘定元帳の取引仕訳データを対象といたします。

ご提出をお願いするデータ:
- 20XX年3月期の第1四半期,第2四半期に計上されているすべての総勘定元帳の取引仕訳データ(手動および自動処理による仕訳も含む)
- 20XX年3月期の期首合計残高試算表および第1四半期末,第2四半期末の合計残高試算表
- 詳細レベルの勘定科目一覧表と勘定科目定義(勘定科目マスタ等)
- その他 参照/関連するテーブルのデータ
- ご提出いただくデータ・フォーマット:固定長のASCII形式,区切り形式,スプールファイル形式でデータの提出をお願いします。望ましい区切り形式はpipe symbol(|)もしくは carat symbol(^)を含む形式となります。カンマ区切りの場合は,テキスト・フィールドはquotations(" ")で囲むようお願いします。その他,受付可能なフォーマットは,DBF(dBase)もしくはODBC互換形式(例 MS Access)となります。
- ファイルのご提出方法:データはEmail,CD,DVD,テープ,携帯型デバイス(USB external drive)で提出可能です。テープでの提出が必須の場合は,テープ形式および再生可能なドライブ形式についてご教示くださりますようお願いします。容量の大きなファイルは,ファイル圧縮ツール(WinZip, WinRAR, PKZipなど)をご利用の上,圧縮するようお願いします。ファイル提出時のセキュリティ確保のため,圧縮ファイルに対しパスワードを設定のうえ,ファイル提出後にパスワードをご提示ください。

データのご提出時に以下の事項についてご対応お願いいたします。
1. すべての列(column)に対し,レコードレイアウトもしくはデータ定義をご提示ください(例:データの型 numeric, text, date etc,可能であればデータ長)。
2. データ総数および数値型の列の合計値(少なくとも1列は合計値をご提示ください)。
3. 可能な場合,column(field)名称を提出ファイルの先頭行に含めてください。

ご提出をお願いするデータに必要な項目：
File 1 – 総勘定元帳詳細仕訳
括弧（）内はSAPでの参考フィールド

	必要なフィールド	フィールドの内容
1	仕訳番号 (MANDT, BELNR, BUKRS, GJAHR)	すべての仕訳に対し付与される番号。仕訳を一意に識別できる番号であることにご注意ください。また，どのフィールドが仕訳番号であるかのご提示ください。
2	行番号 (BSEG.BUZEI)	仕訳を行単位で一意に識別できる番号。
3	会社コード (BSEG.BUKRS)	どの会社に適用される仕訳かを一意に識別できるコード。仕訳によっては，連結決算目的で複数の会社で共有されているものがあるため。
4	事業部門コード (*Examples:* Cost Ctr: BSEG. KOSTL, Profit Ctr: BSEG. PRCTR, Control Area: BSEG. KOKRS, Bus. Area: BSEG. GSBER)	社内のどの事業部門，支店，Cost/Profitセンターに適用される仕訳かを一意に識別できる番号。たとえば総勘定元帳内で子会社との統一マスターを利用している場合がある。子会社と関連する仕訳がどこかの事業部門に帰属する場合があり得る。
5	総勘定元帳勘定コード (SKA1. SAKNR)	勘定科目を一意に識別できる，転記された仕訳一行単位に付与されるコード。
6	総勘定元帳補助科目 (Applicable SAP field if necessary)	補助科目を一意に識別できるコード。
7	総勘定元帳科目名 (SKAT. TXT50)	本勘定コードと補助科目コードの定義。通常は，勘定科目一覧表にて参照可能と思われる。
8	会計年度 (BSEG. GJAHR)	会計年度
9	会計期間 (BKPF. MONAT)	転記される期間（例　第１会計期間〜第13会計期間）
10	転記日付 (BKPF. CPUDT-BKPF. CPUTM)	仕訳が総勘定元帳に転記（承認）された日付。

11	有効日付（発生日付）(BKPF. BUDAT)	会計上の重要な日付を表現した日付（通常は，取引の発生日付を意味する）。有効日付（発生日付）は，取引に関するドキュメントを受領した日付，取引を入力した日付，取引が転記された日付のいずれとも意味が異なるので注意が必要である。また，可能であれば，有効（発生日）のタイムスタンプが含まれていることが望ましい。
12	転記のステータス（BKPF. BSTAT）	仕訳の転記のステータス（例　転記済み，保留）
14	仕訳タイプの識別コード（BKPF. TCODE）	仕訳タイプ（例　実績，予算など）同じく，元帳タイプと呼ばれるものもある。
15	仕訳摘要（BKPF. BKTXT）	仕訳の摘要（内容，メモ）を記述したもの。
16	行摘要（BSEG. SGTXT）	仕訳の行に対する摘要（内容，メモ）を記述したもの。
17	仕訳の起票者（BKPF. PPNAM）	ユーザーID／イニシャル／原始入力者の氏名。
18	仕訳の承認責任者（BKPF. USNAM）	ユーザーID／イニシャル／仕訳に対し責任をもつ（承認する）方の氏名。
19	仕訳グループのためのバッチのID（BKPF. GRPID）	仕訳グループを転記するためのバッチID。
20	仕訳グループのためのバッチの日付（N/A）	仕訳グループを転記するためのバッチ日付。
21	仕訳グループのためのバッチのタイプ（N/A）	仕訳グループを転記するためのバッチタイプ。
22	バッチの摘要（N/A）	バッチの内容を説明した摘要。
23	逆仕訳コード（Varies per system）	以前に入力した仕訳の逆仕訳の識別
24	通貨（グループ通貨）（Varies per system）	金額の通貨単位。ISO4217にて定義されているものが推奨（ISO4217とは国際標準規格で定められた通貨名称に関する3桁のコード　例　JPY，USDなど）。
25	借方／貸方の識別項目（貸借区分）（BSEG. SHKZG）	金額が借方もしくは貸方のいずれを意味するものか。
26	金額（Varies per system）	仕訳金額を表示した数値。

File 2 –当該会計期間の総勘定元帳より出力される期首と期末合計残高試算表
GL Account Balances Report (RFSSLD00　SAP標準レポートで以下の情報を含むもの)

	必要なフィールド	フィールドの内容
1	勘定科目番号	勘定科目番号はすべての関連する情報を含む可能性があります。たとえば，勘定科目番号が，会社番号，支店番号，地域，所在地の情報を含んでいる場合など（例　100200　100は小口現金，200は東京本社，100300　100は小口現金，300は大阪支社などケース）
2	勘定科目名称	勘定科目名称と内容（例　売掛金－取引勘定）
3	Account Beginning Balance 勘定科目金額	当該フィールドは，査閲済みの会計年度の期首勘定残高が含まれている必要があります。金額が借方貸方（正の数，負の数）のいずれの残高を示すのかをご提示ください。
4	Account Activity	勘定科目ごとの正味金額
5	Account Ending Balance	当該フィールドは，査閲済みの会計年度の期末勘定残高が含まれている必要があります。金額が借方貸方（正の数，負の数）のいずれの残高を示すのかをご提示ください。
6	支店番号，コスト/プロフィットセンター番号	支店，コスト/プロフィットセンターを示す識別項目

注意：期首時点の査閲済み開始合計残高試算表が利用不可能な場合は，前年度の期末合計残高試算表を提出することも可能です。

File 3 –勘定科目一覧表と勘定科目定義

	必要なフィールド	フィールドの内容
1	Account Number 勘定科目番号	勘定科目番号はすべての関連する情報を含む可能性があります。たとえば，勘定科目番号が，会社番号，支店番号，地域，所在地の情報を含んでいる場合など（例　100200　100は小口現金　200は東京本社など）
2	Account Name 勘定科目名称	勘定科目名称と内容（例　売掛金－取引勘定）
3	Financial Statement Line Item 財務諸表勘定科目	総勘定元帳上の勘定科目が財務諸表上のどの勘定科目に集計されるのかを示したもの。たとえば,財務諸表上で有形固定資産のケース - 建物勘定は有形固定資産に含まれるものと考えられる。

Additional Files – その他参照/関連テーブル

総勘定元帳システムで該当する場合は，下記の参照テーブルについてもあわせてご提出願います。
- ユーザーマスター
- 部門マスター
- 仕訳由来マスター
- 会計期間参照マスター

総勘定元帳システムの如何に問わず，下記質問にご回答ください。

質問	回答
総勘定元帳システムの名称をご回答ください。（SAP, PeopleSoft, Oracle EBS等）	
片仕訳（借方のみもしくは貸方のみの仕訳）を転記することは可能ですか？	
総勘定元帳内の勘定科目番号（資産，負債，資本，収益，費用）の範囲をご説明ください。	
総勘定元帳内において仕訳ナンバー（仕訳番号）が再利用される可能性がありますか？ そのような場合には，どのように仕訳を一意に特定することが可能ですか？	
仕訳が手仕訳であるか，自動仕訳であるかを特定する方法をご説明ください。たとえば，システムから自動で生成された仕訳でないものを手仕訳と認識する方法はどのようなものか。	
ユーザーが手仕訳の取引タイプを変更することは可能ですか？ たとえば，手仕訳を自動仕訳であるかのように修正は可能ですか？	
総勘定元帳内に統計科目（注記情報作成用の科目など）が含まれていますか？含まれている場合は，特定する方法をご説明ください。	
除外しなければならない特別な勘定科目，たとえば予算用科目などはありますか？	
財務諸表に影響のない関係会社間取引はありますか？	
他システム，スプレッドシートから合計値で転記される仕訳はありますか？	
（元帳の締め後）連結上消去される仕訳はありますでしょうか？ たとえば連結用パッケージソフトを利用していますか？	
データのご提出予定日をご回答ください。	
総勘定元帳システムを理解するうえで，もしくは今回の作業を実施するにあたり，追加で入手しておくべき情報などがございましたらご記入ください。	

以上

8. 継続的監査システム（CAS）の導入

(1) CASの開発工程の概観

　企業グループにおいて，すでにKPIおよびKRIが適切に設定・運用されている場合を除き，**図表3-21**に図示したとおり，おおむね以下の工程で開発・導入されることになる。

① 企業グループにおいて想定されるリスクの包括的な棚卸し
　CASの開発は，過去の監査結果を中心とする企業グループ内で経験・蓄積されたリスク・シナリオと業種あるいは地域別に設定された汎用的なリスク・ライブラリ情報等を基に，企業グループにおいて想定されるリスクを包括的に棚卸する。

② 企業グループに固有の対処すべき重要なリスク・シナリオの絞り込み
　各企業の事業環境，規制環境，組織，プロセスおよびシステム等を総合的に勘案してリスク・シナリオの絞り込みを行い，さらにリスクの影響度を考慮して，対処（モニタリング）すべきリスク・シナリオを絞り込む。

③ ITデータの可用性の観点からのリスク・シナリオの絞り込み
　各企業の現状のIT環境・データ環境を前提に，データの可用性の観点からCASによってモニタリング可能なリスク・シナリオとモニタリング方法を特定する。

④ 実際データを用いたモニタリングの有効性の検証とCASの仕様決定
　実際のデータを用いて，絞り込まれたリスク・シナリオのモニタリングの可否とモニタリング・シナリオの有効性を検証する（**図表3-22**は販売プロ

❸ CAATと継続的監査

図表3-21　CASの開発工程の概観

```
                プロセスとシステムの    データの可用性     実際のデータを
                    レビュー              の               用いた
                      ＆               レビュー          有効性の
                  リスク・レーティング                      レビュー
```

- 対象企業の過去の監査所見
- 汎用リスク・ライブラリ
- 対象企業に対応したリスク・シナリオの絞り込み
- 対象企業における現状のデータ構成に対応した対象企業に固有のリスク・シナリオの絞り込み
- 継続的監査システム（CAS）設計に向けたリスク・シナリオの特定
- 異常データの検出
- CASシステム開発
- 異常データのフォロー

出所：PwC資料を基に作成。

図表3-22　販売プロセスにおけるリスク・シナリオの例示とモニタリングのイメージ

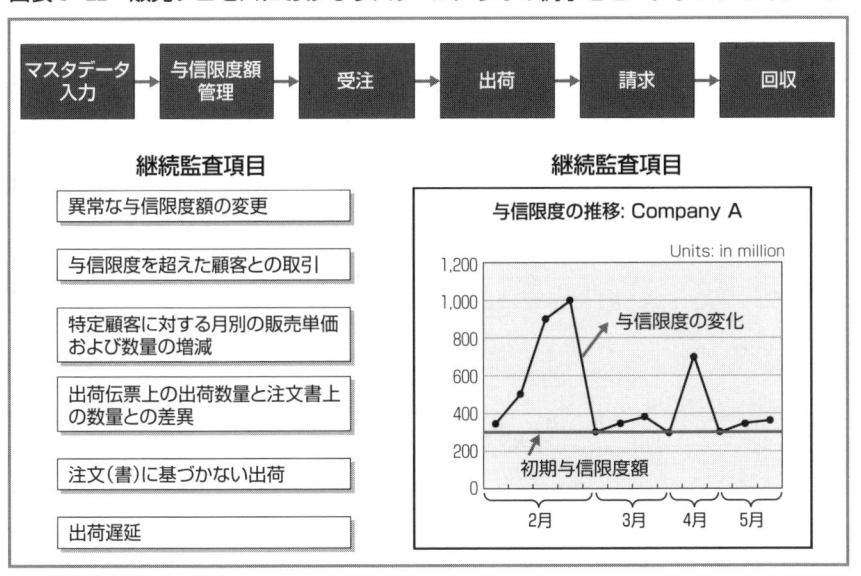

マスタデータ入力 → 与信限度額管理 → 受注 → 出荷 → 請求 → 回収

継続監査項目
- 異常な与信限度額の変更
- 与信限度を超えた顧客との取引
- 特定顧客に対する月別の販売単価および数量の増減
- 出荷伝票上の出荷数量と注文書上の数量との差異
- 注文（書）に基づかない出荷
- 出荷遅延

継続監査項目

与信限度の推移: Company A （Units: in million）
- 与信限度の変化
- 初期与信限度額

出所：PwC資料を基に作成。

セスにおけるリスク・シナリオの例示とモニタリングのイメージを図示している）。異常値（モニタリング・シナリオの非有効性等）については，原因の特定等のフォローアップを行う。

(2) CASの構成モジュール

CASにおいては，**図表3-23**に例示したとおり，リスク・シナリオごとにリスクの影響度を考慮してリスクを測定（定量化あるいはレーティング）して表示するロジックをモジュールとして組み込む必要がある。**図表3-24**は，リスク・シナリオの識別とリスク・レーティングのフレームワークの1例として，ビジネス・ユニット（たとえば製品別事業部単位）ごとに，全社レベルのリスクとプロセス・レベルおよびサブ・プロセス・レベルのリスクに区分して，リスク・シナリオの識別とレーティングする例を図示したものである。

次に，設定されたリスク・シナリオおよびレーティングに基づき，データのモニタリングによってリスク評価およびコントロールの有効性に関する異

図表3-23 CASの構成モジュール

ビジネス・プロセス／SAPモジュール		CASモジュール	
ビジネス・プロセス	SAPモジュール	モニタリングモジュール	・各領域のリスク・シナリオのモニタリング ・例外事項の自動検出
1. Sales（売上） 2. Purchasing（購買） 3. Inventory Mgt.（在庫管理） 4. Financial Reporting（財務会計） 5. Asset Management（資産管理）	1. SD 2. MM 3. TD 4. FI 5. AA	リスク評価モジュール	・リスク評価のフレームワークの設定 ・定量評価ロジックと評点システムの設定
		ナレッジ・マネッジメント・モジュール	・監査指摘事項のDB
		報告モジュール	・例外事項に関するメール送信 ・フォローアップの進捗管理

出所：PwC資料を基に作成。

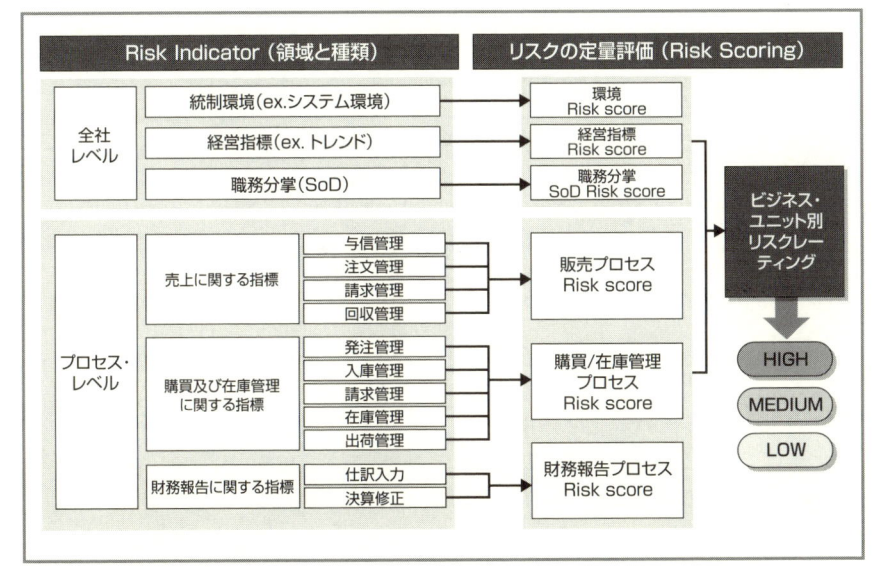

図表3−24　リスク・シナリオの識別とリスク・レーティングのフレームワーク

Risk Indicator（領域と種類）			リスクの定量評価（Risk Scoring）	
全社レベル	統制環境（ex.システム環境）		環境 Risk score	
	経営指標（ex.トレンド）		経営指標 Risk score	
	職務分掌（SoD）		職務分掌 SoD Risk score	ビジネス・ユニット別リスクレーティング
プロセス・レベル	売上に関する指標	与信管理／注文管理／請求管理／回収管理	販売プロセス Risk score	
	購買及び在庫管理に関する指標	発注管理／入庫管理／請求管理／在庫管理／出荷管理	購買/在庫管理プロセス Risk score	HIGH / MEDIUM / LOW
	財務報告に関する指標	仕訳入力／決算修正	財務報告プロセス Risk score	

出所：PwC資料を基に作成。

常値・例外事項を自動的に検出・表示するモジュールが設計される。そして，モニタリングによる異常値・例外事項を適時にフォローアップさせるために，自動メール等による報告モジュールが重要になる。さらに，リスク・シナリオに関する経験値を蓄積することの効果に着目して，監査指摘事項あるいは異常値のフォローアップのアプローチ等に関するナレッジ・マネジメントのモジュールも不可欠な構成要素と考えられる。

(3) CASの開発工程における作業項目と成果物（プロトタイプ）

既述のCASの開発工程概観および構成モジュールを前提に，図表3−25において，リスク・シナリオの識別および絞り込みからシステム設計に至る各工程における一般的な作業項目と成果物（プロトタイプ）を例示する。プログラムの開発段階までは，一般的にACL等のCAATで利用されるデータ解析ツールを利用することになる。

図表3-25　CAS設計工程と作業項目および成果物

フェーズ	❶ リスク領域の識別とリスクシナリオの創出	❷ リスクシナリオの検証	❸ プログラム開発	❹ システム設計
作業内容	・プロジェクト・チーム編成 ・組織，プロセスおよびシステムの理解 ・リスク領域の識別 ・リスク・シナリオの創出	・分析シナリオの選定 ・データ収集 ・データ分析を通じた例外性の識別 ・例外の発生原因の分析 ・モニタリングに係るシナリオの選定	・システム仕様概要設計 ・モニタリング方法の詳細設計 ・リスク測定に関するフレームワークの開発 ・ナレッジマネジメント機能の設計	・システム詳細設計
成果物	・リスク・ライブラリ ・プロセス/システムフローチャート ・過去の内部監査報告書の分析レポート等	・シナリオ検証に関する調書 ・ACLデータ（データ解析結果） ・例外発生原因分析レポート	・プログラム ・モニタリング・メカニズム ・リスク測定フレームワーク	

出所：PwC資料を基に作成。

(4) CASの内部監査プロセスへの組み込み

図表3-26は，CASの各構成モジュールと内部監査プロセスの各活動との関連を明示したものである。

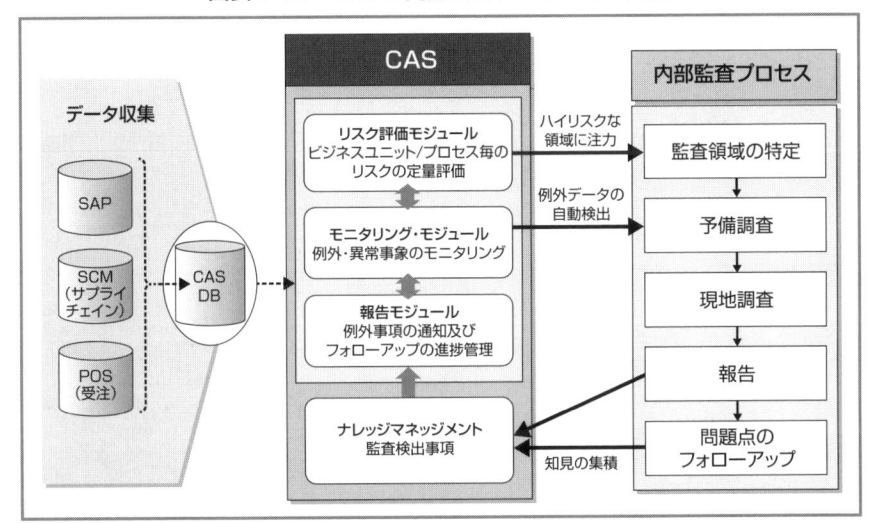

図表3-26 CASと内部監査プロセスとの関連

出所：PwC資料を基に作成。

(5) CASによるリスクのモニタリング・イメージ

図表3-27は，ビジネス・ユニットごとに，全社レベルのリスクとプロセス・レベルおよびサブ・プロセス・レベルのリスクに区分して，リスク・シナリオの識別とレーティングを行うフレームワークでCASを設計した場合のリスクのモニタリング画面のイメージを示したものである。

各リスク・シナリオごとに，指標数値の絶対値あるいは時系列での増減が示唆するリスク（異常値）の程度（×＝高，△＝中，○＝低等）を，あらかじめ設定されたリスク・レーティングのロジックによって表示するものである。

図表3-27　CASによるリスク・モニタリング画面のイメージ

| 方向性 | ↑ | − | ↓ | | 判定 | × | △ | ○ | セル領域をクリックすれば該当シナリオ別評価値に移動します。 |

指標区分	プロセス	サブ・プロセス	直売			商社売		
			前期	当期	増減	前期	当期	増減
取引指標	売上	総合	24△	27○	3↑	24△	31△	7↑
		与信管理	1○	9○	8↑	0○	1○	1↑
		販売単価管理	57×	35○	-21↓	86×	72×	-14↓
		注文管理	9○	3○	-7↓	0○	6○	6↑
		出荷管理	14○	0○	-14↓	7○	71×	64↑
		代金請求および締め切り	38○	75×	37↑	40○	40○	0−
		入金管理	50△	100×	50↑	39○	39○	0−
		債権管理	46△	42△	-4↓	32○	28○	-4↓
		商品券	0○	0○	0−	0○	0○	0−
	輸入および国内購買	総合	0○	4○	4↑	10○	14○	4↑
		発注および注文管理	0○	7○	7↑	13○	5○	-7↓
		検収および入庫	0○	0○	0−	6○	6○	0−
		伝票処理	0○	0○	0−	7○	34○	27↑
	在庫&物流管理	総合	30△	15○	-15↓	72×	72×	0−
	財務会計	総合	0○	18○	18↑	1○	19○	18↑

出所：PwC資料を基に作成。

4 内部統制報告制度とITの監査

本章では，内部統制報告制度に基づく財務報告に係る内部統制監査を構成するITの監査について解説する。かつて財務会計データと若干の管理会計データのみがデジタル化されたIT情報として保有されていた時代においては，財務報告目的でのITの監査は，財務報告目的以外のITガバナンスの全領域をカバーするはずの伝統的なシステム監査のなかでは限定的な位置づけであったと思われる。

　しかしながら，現代企業においては，財務会計はもちろん管理会計のIT化が進み，情報ネットワーク技術の進化とERP化等による情報管理基盤の一元化によってBI（ビジネス・インテリジェンス）等の情報活用・コミュニケーション基盤が整備されたことによって，財務・管理会計データは直接的あるいは間接的に企業活動情報の大部分と連携しているといっても過言ではないと思われる。また，ITガバナンスに関するCOBITのフレームワークやベスト・プラクティスは，幅広くSOXのIT統制の構築ならびに評価・監査の実務に取り込まれている。このような状況を考えれば，内部監査人は，財務報告目的でのITの監査を，今やITの監査の中核として位置づけ，リスク・アプローチに基づき理論的に体系化された財務報告目的でのITの監査のアプローチと技術を理解・習得，そして応用することによって，ITに関するジェネラリストとしてIT監査の全領域を「経営に資する監査」の観点から包括的に監査する体制に方向転換すべきではないだろうか。

　また別の観点からみれば，日進月歩で進化する情報通信・ネットワーク，セキュリティ技術の領域等，ITの専門性は領域ごとに細分化しており，内部監査人がITの全領域を相当の深度をもってカバーすることは現実的に不可能であるので，内部監査人はITに関するジェネラリストとしての技能開発に注力し，各IT領域での企業内部・外部の専門家（Subject Matter Expert）を利用してITの監査を遂行する体制への転換が期待される。いずれにしても，現代企業のステーク・ホールダーの関心に照らして，内部監査人はITの監査への関与を回避することはできないと思われる。

4 内部統制報告制度とITの監査

1. ITへの対応に関する内部統制報告制度関連基準・規範の確認

(1) 内部統制報告制度の呼称と法律・基準の体系

　2006年6月7日に「金融商品取引法」が成立し，上場企業は2009年3月期以降の財務報告から，有価証券報告書における連結財務諸表等とともに，内部統制報告書の提出が義務づけられている。この「内部統制の仕組みを構築」する際の基準となるのが，金融庁の企業会計審議会内部統制部会が作成した『実施基準』（正式には「財務報告に係る内部統制の評価および監査に関する実施基準」2007年2月15日）である。

　金融庁企業会計審議会が2005年12月に「財務報告に係る内部統制の評価および監査の基準のあり方について」（以下，部会報告）を公表した。そして，2006年6月に証券取引法の改正という形で金融商品取引法が成立したが，金融商品取引法のなかで内部統制報告制度が義務化されたものである。さらに金融商品取引法を受け，実務的な基準として設定されたものが実施基準である。部会報告，金融商品取引法，実施基準案の3つをあわせて「日本版SOX法」「J-SOX」などと呼ばれることが多い。SOX法とは，2002年に制定された米国の「サーベンス・オクスリー法」の略称であり，日本では「米国企業改革法」と訳されている。

(2) 実施基準の特徴

　実施基準の特徴は，米国SOX制度下における企業側の過大な対応コストが発生したとの反省を踏まえて，さまざまな形で企業側負担を軽減する対応が意図されている点にある。IT統制に関しても，内部統制の仕組み構築に「ITへの対応」をあげて，文書全体の7分の1ものページを割いて作業の軽減や効率化に配慮している点が特徴的である。J-SOXでは日本版内部統制フ

レームワークにおいて，米国のSOX法の内部統制に関するフレームワークであるCOSOモデルが内部統制の基本的構成要素とする「統制環境」，「リスクの評価と対応」，「情報と伝達」および「モニタリング」に加えて，「ITへの対応」をもう1つの基本構成要素として追加している。

しかしながら，内部統制の仕組みの構築において，ITの利用はあくまでも手段の1つであることから，法律（金融商品取引法）に準拠するための基本的な規範としての実施基準では具体的な作業内容や詳細な例示をわずかに記述するにとどめており，実務対応の面を詳細に定めたガイダンスとはなっていない。

(3) 実務的ガイダンスとしての，経済産業省「システム管理基準 追補版（財務報告に係るIT統制ガイダンス）」の概要

実施基準がITへの対応に関する具体的な実務対応方法を規定していないことから，経済産業は内部統制報告制度への対応において実施基準が求める「ITへの対応」が要求される企業に対して，IT統制に関する考え方や経営者評価，導入ガイダンスなどを具体的かつ詳細に例示することを目的として，「システム管理基準 追補版（財務報告に係るIT統制ガイダンス）」（以下「IT統制ガイダンス」という）を公表した。

IT統制ガイダンスは，「実施基準」に対して，「ITへの対応」の主なケースを想定し，IT統制に関する概念や経営者評価，導入ガイダンスなどを示しており，内部統制報告制度の実務ガイダンスとして定着している。

(4) IT統制ガイダンスの理解・活用と留意点

「IT統制ガイダンス」は約150ページにも及ぶ詳細かつ具体的で実務的なガイダンスであり，また一方で財務報告目的でのITの監査をリスク・アプローチに基づき理論的かつ体系的に解説した資料として，IT担当者あるいは内部監査人が内部統制報告制度におけるITへの対応の要求事項を理解して実務対応を実践するためのガイダンスとしては，非常に有効な資料である。

4 内部統制報告制度とITの監査

コラム

経産省「IT統制ガイダンス」

　約150ページから構成されるIT統制ガイダンスの内容は，**図表4-1**に図示したとおり，第Ⅱ章「IT統制の概要について」と第Ⅲ章「IT統制の経営者評価」を理論編として，IT統制についての基本的な枠組みを提供し，第Ⅳ章「IT統制の導入ガイダンス（IT統制の例示）」では，導入編としてIT統制を構築し評価するためのガイダンス，すなわち全社的統制や全般統制，業務処理統制ごとにIT統制の例を具体的かつ詳細に説明している。

　"付録"では，付録1のシステム管理基準追補版とCOBIT，JICPAのIT委員会報告第3号，ITILなど参考となるほかの基準との比較・対応や，付録2のシステム管理基準の管理項目と統制目標の対応（例），付録4の評価手続きなどの記録および保存における保存期間や保存対象とする内容，付録5のサンプリングの手法やサンプル件数の例，付録6のリスク・コントロール・マトリクス（RCM）の記述例など実務作業における有効な例示が数多く記述されている。

図表4-1　IT統制ガイダンスの構成

理論編	導入編	付録
第Ⅱ章 IT統制の概要について 1.財務報告とIT統制 2.IT統制の統制項目 第Ⅲ章 IT統制の経営者評価 1.IT統制の評価のロードマップ 2.評価範囲の決定と対象となるITの把握 ……	第Ⅳ章 IT統制導入ガイダンス（IT統制の例示） 1.ガイダンスの使い方 2.IT全社的統制 3.IT全般統制 4.IT業務処理統制 5.モニタリング	システム管理基準追補版とほかの規準との対応 システム管理基準の統制目標の使い方 リスクコントロールマトリックスの例

出所：経済産業省「システム管理基準　追補版（財務報告に係るIT統制ガイダンス）」。

また，高度にIT化した現代企業を想定すれば，財務報告目的でのITの監査はすべてのIT監査の領域における基礎部分として位置づけられることから，財務報告目的以外のITの監査に対してもこのIT統制ガイダンスは有用な基礎を提供し得るものと思われる。

　しかし，実施基準が定めるITへの対応の趣旨に照らして，IT統制ガイドラインの利用に関しては下記の2点に留意が必要である。

① 　IT統制に関する考え方や経営者評価，導入ガイダンスなどを具体的かつ詳細に例示することを目的とするIT統制ガイダンスを無条件に利用すると仕組みが形骸化して，財務報告の信頼性と作業の軽減や効率化を両立するという実施基準の本来の目的から乖離したものになりかねない。実施基準がIT担当者の個々の作業内容まで言及していないのは，企業によってどのように対応するかは個々に判断が異なるため，具体的な内容について言及すべきではないという規範としての本質によるものである。

② 　したがって，IT統制ガイドラインのみならず，一般的にはいくつかのIT統制の枠組みを参考にして，各企業における実情と個別の判断に基づいて作業を進める必要がある。たとえば，「COBIT」や，財務報告に係るIT統制については日本公認会計士協会「IT委員会報告第3号」や「COBIT for SOX」，またITの運用管理についてはITILなどを参考にすべきである（❷を参照）。IT統制ガイダンスでは，**図表4-2**のとおり，他のIT統制のフレームワークあるいはガイダンスとの比較表が示されており，混乱しやすい内容の整理・分類にも有効である。

図表4-2 IT統制ガイダンスと他のガイダンスとの構成内容の概観比較

構成要素＼基準名	IT委員会報告第3号	IT統制目標.V2 (ITIL)	システム管理基準追補版（財務報告に係るIT統制ガイダンス）
序章	Ⅰ．本報告の目的	1．経営者向け要約	はじめに
財務報告に係る統制の基礎	Ⅲ．内部統制を含む企業および企業環境の理解 1．情報の信頼性とIT 2．経営者の主張とITコントロール目標との関係 5．統制環境の理解	2．信頼できる財務報告の基礎 　IT統制に関する指針の必要性 3．企業改革遵守のための変化に対するコミットメント 　現在の状況に対する評価	1．IT統制の概要について 1．財務報告とIT統制の関係 (1)金融商品取引法に求められている内部統制とIT統制の関係 (2)財務報告とIT統制の関係
IT統制の概要（統制の分類）	Ⅱ．ITの概括的理解 Ⅲ．内部統制を含む企業および企業環境の理解 3．各業務プロセスとITとの関係 4．財務諸表の勘定科目，業務プロセスとアプリケーションシステムの関係の理解 6．財務報告の目的の情報システムと伝達の理解 7．統制活動の理解 8．監視活動の理解	2．信頼できる財務報告の基礎 　IT統制の把握 　IT統制 　IT統制に関するPCAOBの指針 　ITシステムの統制 4．基礎原則の制定 　COSOの定義 　COSOのITへの適用	1.2．IT統制の統制項目 (1)IT全社的統制 (2)IT全般統制 (3)IT業務処理統制
統制フレームと統制目標	外部資料（監査委員会報告29号，30号，31号など）	参考資料B，COSOとCOBIT 参考資料C，IT全般統制アクティビティレベルのIT統制 参考資料d，業務処理統制（アプリケーション統制） 業務処理統制の重要性 業務処理統制の実ケース 業務処理統制の投資対効果 アプリケーションのベンチマークの設定 自動化された業務処理統制の例	付録2． システム管理基準の統制目標の使い方 付録2-1． システム管理基準の管理項目と統制目標の対応（例）

出所：経済産業省「システム管理基準 追補版（財務報告に係るIT統制ガイダンス）」。

2. 実施基準の「ITへの対応」の要求事項の解説

　以下，実施基準による「ITへの対応」について，IT統制ガイダンスを中心にその他のガイダンスを踏まえて，そのアプローチを理論と実務の両観点

から解説する。

(1) ITへの対応とは

　実施基準によれば，「ITへの対応とは，組織目標を達成するためにあらかじめ適切な方針および手続を定め，それを踏まえて，業務の実施において組織の内外のITに対し適切に対応することをいう。」と定義し，"**IT環境への対応**"と"**ITの利用および統制**"から構成される。

　"**IT環境への対応**"とは，IT環境に対して，組織目標を達成するために，組織の管理が及ぶ範囲においてあらかじめ適切な方針と手続を定め，それを踏まえた適切な対応を行うことであるとしている。つまり，社会および市場におけるITの浸透度，組織が行う取引等におけるITの利用状況，組織が選択的に依拠している一連の情報システムの状況，ITを利用した情報システムの安定度，ITに係る外部委託の状況等のITを巡る外部環境要因と内部環境要因を踏まえて，適切な方針と手続を定めて対応すべきという，高度にIT化した社会的環境下で活動する現代企業に対する基本的な要請である。

　一方で"**ITの利用および統制**"とは，組織内において，内部統制の他の基本的要素の有効性を確保するためにITを有効かつ効率的に利用すること，ならびに組織内において業務に体系的に組み込まれてさまざまな形で利用されているITに対して，組織目標を達成するために，あらかじめ適切な方針および手続を定め，内部統制の他の基本的要素をより有効に機能させることであるとしている。つまりITの機能を利用して，内部統制の他の基本的要素である，「統制環境」，「リスクの評価と対応」，「統制活動」，「情報と伝達」そして「モニタリング」の有効性と効率化性を高めるべきというのが"**ITの利用**"の要請である。一方，ITとして自動化された統制あるいはITに関する手作業による統制を，あらかじめ適切な方針および手続を定めて対応すべきというのが"**ITの統制**"の要請である。

❹ 内部統制報告制度とITの監査

> **参考**
>
> ## "ITの利用"
>
> **ITの利用**は理解しにくい用語であるが，実施基準の下記の記述がその理解に役立つ。
>
> **ITの利用**とは，他の内部統制の構成要素を有効かつ効率的に構築するためにITの利用を検討すべしとの要請である。例示された他の内部統制の構成要素に対するITの利用は以下のとおり。
>
> **統制環境**
>
> ITの利用は，統制環境の整備および運用を効率的に行っていくうえでも重要となる。たとえば，電子メールといったITを利用することは，経営者の意向，組織の基本的方針や決定事項等を組織の適切な者に適時に伝達することを可能にし，統制環境の整備および運用を支援することになる。一方で，ITの利用は，たとえば，経営者や組織の重要な構成員等が電子メール等を用いることにより，容易に不正を共謀すること等も可能としかねず，これを防止すべく適切な統制活動が必要となることにも留意する必要がある。
>
> **リスクの評価と対応**
>
> 組織内外の事象を認識する手段として，またリスク情報を共有する手段としてITを利用することにより，リスクの評価と対応をより有効かつ効率的に機能させることが可能となる。また，ITを利用して組織内部におけるリスク情報の共有状況を把握し，これに基づき，リスクが適切な者の間で共有されているかを分析し，その結果に基づいて，リスク情報の共有範囲を見直すなどの内部統制の整備を行うことも考えられる。
>
> **情報の伝達**
>
> ITの利用により，組織内部での情報伝達の手段を効果的に業務プロセスに組み込むことも可能となる。ITを利用した情報システム，とくにネットワークが使われている場合には，たとえば，必要な承認や作業完了が一定期間に

実施されないと，その旨が担当者の上司に伝達される機能など，業務管理に必要な情報の伝達を，業務プロセスに組み込むこともできる。ホームページ上でメッセージの掲載などITを利用することにより，組織外部に向けた報告を適時に行うことが可能となるとともに，ITを利用して，自社製品へのクレーム情報等を外部から収集したりすることも可能である。ただし，組織外部への情報の公開および情報の収集にITを利用する場合には，とくに外部からの不正な侵入等に対して適切な防止措置を講じるなどの留意が必要となる。

モニタリング

　統制活動の有効性に関する日常的モニタリングは，日常の業務活動を管理するシステムに組み込み自動化することで，より網羅的に実施することが可能となる。その結果，独立的評価にあたってリスクを低く見積もることができるため，独立的評価の頻度を低くしたり，投入する人員を少なくすることも可能となる。一方，ITを利用したモニタリングは，あらかじめモニタリングする指標を設定してプログラミングしておく必要があるため，システム設計段階から計画的に準備を進めることが必要となる。

統制活動

　ITを利用した統制活動を，適切に設計して業務プロセスに組み込むことにより，統制活動の自動化が可能となる。統制活動が自動化されている場合，手作業による統制活動に比べて迅速な情報処理が期待できるほか，人間の不注意による誤謬等の防止も可能となり，結果として，内部統制の評価および監査の段階における手続の実施も容易なものとなる。一方で，統制活動が自動化されているとプログラムの不正な改ざんや不正な使用等があった場合に，プログラムに精通した者しか対応できず，不正等の適時の発見が困難になるといった問題点も考えられ，適切なアクセス管理等の措置を講じておくことにつき留意する必要がある。

❹ 内部統制報告制度とITの監査

(2) IT全社統制, IT全般統制およびIT業務処理統制とは

　実施基準では,「ITに係る全般統制」(以下「IT全般統制」という)と「ITに係る業務処理統制」(以下「IT業務処理統制」という)の用語が登場する。IT統制ガイダンスでは, ITに直接係る部分とそれ以外とを区別するため,「IT統制」について以下のように分類している。

1) IT全社統制

　企業の統制が全体として有効に機能する環境を保証するためのITに関連する方針と手続等, 情報システムを含む内部統制。連結グループ全体としての統制を前提とするが, 各社, 事業拠点ごとの全体的な内部統制をさす場合もある(実施基準Ⅱ.3(2)①)。英文ではIT Entity-Level Control (ITELC)と呼称される。

2) IT全般統制

　業務処理統制が有効に機能する環境を保証するための統制活動を意味しており, 通常, 複数の業務処理に関係する方針と手続のうち, IT基盤を単位として構築する内部統制(実施基準Ⅰ.2(6)②〔ITの統制〕ロa)。英文ではIT General Control (ITGC)と呼称される。

3) IT業務処理統制

　業務を管理するシステムにおいて, 承認された業務がすべて正確に処理, 記録されることを担保するために業務プロセスに組み込まれたITに係る内部統制⇒(実施基準Ⅰ.2(6)②〔ITの統制〕ロb)。英文ではIT Application Control (ITAC)と呼称される。

(3) IT全社統制，IT全般統制とIT業務処理統制の関係

❷で解説したとおり，財務報告の信頼性は，財務諸表の各項目のアサーション（経営者の主張）のレベルで，企業に固有の虚偽表示リスクを十分に低減する内部統制が整備・運用されていることを評価・検証することによって担保されるものである。ここで留意すべき点は，企業に固有の虚偽表示リスクをもたらす要因（リスク・ファクター）は，競争環境あるいは規制環境等の企業の外部環境要因のみならず，企業風土や組織体制等の内部環境要因も重要なリスク・ファクターとなるということである。

その内部環境要因のなかでも高度にIT化した現代企業においては，IT自体（IT環境への対応，ITの利用およびITの統制）の脆弱性が財務諸表項目の各アサーションに対して直接的あるいは間接的に重要な虚偽表示リスクをもたらすリスク・ファクターとなるという点である。

図表4-3は，IT全社統制，IT全般統制とIT業務処理統制の統制活動の

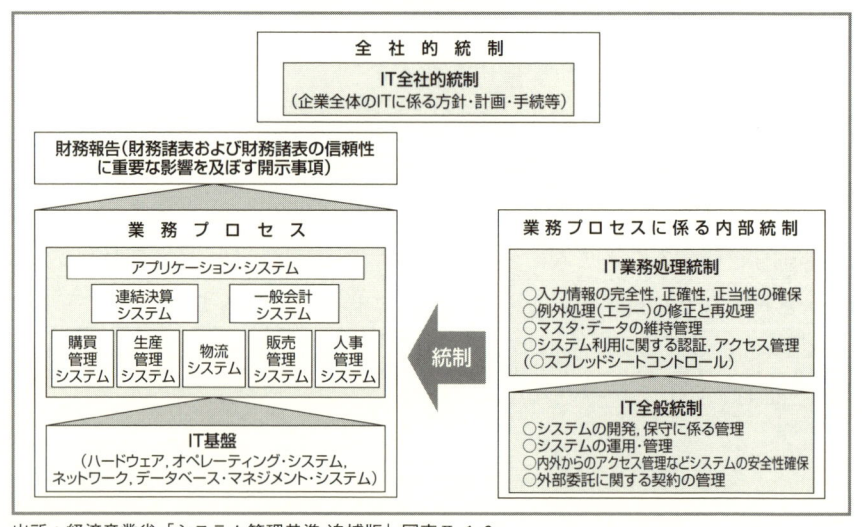

図表4-3　全社的統制，IT全般統制およびIT業務処理統制の関係

出所：経済産業省「システム管理基準 追補版」図表Ⅱ.1-3。

階層と，対応するIT基盤と業務プロセスにおけるアプリケーション・システムの関係を図示している。

図表の頂点にIT全社統制を含む全社統制が位置しているが，IT自体の脆弱性と脆弱性への企業の対応としての全社統制を理解することが，IT自体の脆弱性という企業に固有のリスク・ファクターを識別・評価することをリスク・アプローチによる監査のスタート地点とする会計監査および財務報告に係る内部統制監査においての第一工程であることを意味している。すなわち，企業のIT環境を理解しIT全社統制の理解と整備評価を行うことは，"IT環境への対応"と"ITの利用および統制"の初期動作である。

(4) 内部統制の評価における評価範囲決定手順

図表4-4は，内部統制の評価における評価範囲決定に関する概括的な作業手順を示したものである。

図表4-4　内部統制監査の評価範囲決定手順

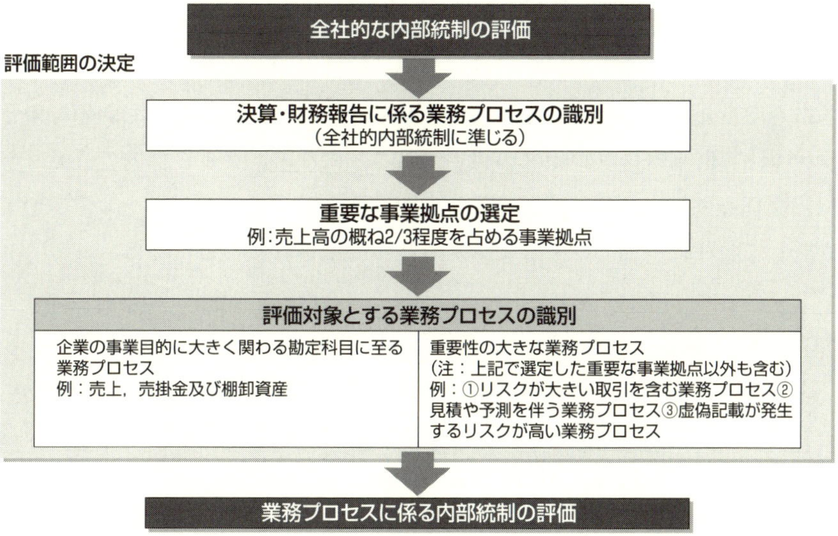

評価範囲の決定

```
┌─────────────────────────┐
│    全社的な内部統制の評価    │
└─────────────────────────┘
              ↓
┌─────────────────────────┐
│ 決算・財務報告に係る業務プロセスの識別 │
│    （全社的内部統制に準じる）    │
└─────────────────────────┘
              ↓
┌─────────────────────────┐
│     重要な事業拠点の選定      │
│ 例：売上高の概ね2/3程度を占める事業拠点 │
└─────────────────────────┘
              ↓
┌─────────────────────────────────────────┐
│       評価対象とする業務プロセスの識別        │
├────────────────────┬────────────────────┤
│ 企業の事業目的に大きく関わる │ 重要性の大きな業務プロセス │
│ 勘定科目に至る業務プロセス  │ （注：上記で選定した重要な事業拠点以外も含む）│
│ 例：売上，売掛金及び棚卸資産 │ 例：①リスクが大きい取引を含む業務プロセス②見積や予測を伴う業務プロセス③虚偽記載が発生するリスクが高い業務プロセス │
└────────────────────┴────────────────────┘
              ↓
┌─────────────────────────┐
│   業務プロセスに係る内部統制の評価   │
└─────────────────────────┘
```

STEP 1 全社的内部統制の評価

　図示のとおり，全社的な内部統制の理解と評価は，評価範囲の決定プロセス（スコーピング・プロセス）に先立って行われる。これは既述のとおり，全社的な内部統制の理解・評価は，企業に固有のリスク・ファクターを暫定的に識別し評価するために必須の手続であり，金額的あるいは質的重要性判断に基づくスコーピング・プロセスの前段階で実施すべきものであるからである。

STEP 2 全社的内部統制に準じて評価すべき決算財務報告に係る業務プロセスの識別

　全社的内部統制の理解と評価の実施後は，全社的な内部統制に準じて評価対象とすべき決算財務報告プロセスの識別作業を行うことになる。実施基準によれば，決算財務報告プロセスを構成する手続として，総勘定元帳から財務諸表を作成する手続，連結修正，報告書の結合および組替など連結財務諸表作成のための仕訳とその内容を記録する手続および財務諸表に関連する開示事項を記載するための手続を例示しているが，連結精算表に基づき連結財務諸表項目および開示項目を連結関係会社別に展開する方法で金額的にも質的にも僅少な拠点を除外することで，全社的な内部統制に準じて評価対象とすべき決算財務報告プロセスの識別することになる。グループ内で決算財務報告プロセス業務あるいは関連する主要業務をシェアード・サービスとして受託して会社については，この識別過程で明示されることになる。

STEP 3 評価対象とする重要な事業拠点の選定

　実施基準によれば，本社を含む各事業拠点の売上高等の金額の高い拠点から合算していき連結ベースの売上高等の一定の割合に達している事業拠点（企業により事業または業務の特性等が異なることから，一律に示すことは困難であると考えられるが，全社的な内部統制および全社的内部統制に準じて評価した決算財務報告に係る業務プロセスの評価結果が良好である場合に

は，たとえば，連結ベースの売上高等の概ね2／3程度とする）を評価の対象として選定することとしている。

STEP 4 評価対象とする業務プロセスの選定

実施基準によれば，上記で選定した重要な事業拠点（持分法適用となる関連会社を除く）における，企業の事業目的に大きくかかわる勘定科目（たとえば，一般的な事業会社の場合，売上，売掛金および棚卸資産）に至る業務プロセスは，原則としてすべてを評価の対象とするとしている。

(5) ITに関する内部統制評価の評価範囲決定手順

ITに関する内部統制評価範囲決定の手順も，上述の内部統制の評価における評価範囲決定の手順に従って実施されることになるが，以下に留意して評価範囲の決定を実施する必要がある。

1) ITの全体像の把握

したがって，ITに関しても，連結財務諸表を構成するすべての関係会社（連結財務諸表に与える影響つまり固有の虚偽表示リスクが金額的にも質的にも僅少な会社は除外可能）について，連結財務報告に関連するグループ会社のシステムをすべて対象として（実施基準の例示主要3勘定に関連するシステムに限定されるものではない点に注意が必要），IT環境の理解のための作業（あるいはIT環境の重要な変更の理解のための作業）を期初の監査計画の初期段階で実施する必要がある。

> **参考**
>
> ## 理解すべきITの全体像とは？
>
> 　IT統制ガイダンスによれば，ITの全体像の把握に関して以下のとおりガイダンスを示している。
>
> 　内部統制の有効性の評価を始めるにあたって，最初に，連結グループ全体（以下「グループ」という）を対象に財務報告の観点から，ITの全体像を把握する。まず，業界によってITの活用状況が異なることから，グループの属している業界のIT環境やIT利用状況等を理解する。次に，グループのITの概要を把握する。
>
> 　ここでは，グループのITの接続概要図，重要なシステム間の連携等の全体像が把握されていればよい。次に，グループの財務情報に係るアプリケーション・システムと，それに関係するIT基盤の概要について把握する。アプリケーション・システムについては，たとえば，「○○販売システム」や「△△在庫管理システム」といった単位でシステム間の関係を理解できる程度に把握すれば十分であるが，対象とならない事業拠点においても業務プロセスの重要性にあわせて対象範囲に含める場合もある。
>
> 　さらに，グループのIT全社的統制としての組織，規程，標準等を把握する。
>
> 　ITの全体像の理解に関して見落としてはならない点は，"IT環境への対応"と"ITの利用"についてである。財務報告数値の作成に直接関係する決算財務報告プロセスに係るITシステムおよび上流の業務プロセスに係るITシステムの"ITの統制"についての理解の必要性は意識されるものの，IT環境全般，あるいは統制環境，リスクの評価と対応，情報と伝達，モニタリングおよび統制活動といった他の内部統制の構成要素に対するITの関連を理解しなければならない点は見落とされがちである。なお，実施基準によれば，決算財務報告プロセスには，総勘定元帳から財務諸表を作成する手続，連結修正，報告書の結合および組替など連結財務諸表作成のための仕訳とその内容を記録する手続および財務諸表に関連する開示事項を記載するための手続が例示されており，当該手続を処理するITシステムが決算財務報告プロセスに係るITシステムである。

2）勘定科目に係るアプリケーション・システムと支援するIT基盤

　IT統制ガイダンスによれば，IT全社統制とグループの決算財務報告プロセスに係るITは，すべてIT統制の評価範囲に含まれるが，それ以外の業務プロセスに関係するITについてもIT統制の評価範囲に含まれることがあることに留意すべきとしている。たとえば，評価範囲に含まれる事業拠点の重要な勘定科目に係る業務プロセスは評価に含まれるが，この場合，その勘定科目に係るアプリケーション・システムと支援するIT基盤もIT統制の評価範囲に含まれる。

3）他の内部統制の構成要素を支援するIT基盤

　IT統制ガイダンスによれば，全社的統制に関係するITの評価について統制活動だけではなく，統制環境，リスクの評価と対応，情報と伝達，モニタリングといった内部統制の基本的要素において，ITが利用されているときには，こうしたITも評価の範囲に含めることがあるとしている。

　たとえば，LAN等の社内のネットワークが，統制環境，リスクの評価と対応，情報と伝達，モニタリング等において重要な役割を果たしているときには，社内ネットワークを評価することがある。

　また，ある業務プロセスから重要な情報が自動的に経営者に発信され，端末でチェックされることによって，経営者のモニタリングが確保されるシステムとなっているときには，情報の自動発信を行っているアプリケーション・システムを評価することがある。このようなネットワークやアプリケーション・システムは，評価すべきITの範囲に含めて，業務プロセスの評価段階で，IT業務処理統制，IT全般統制の評価を実施することになる。

4）ITと組織区分の不一致について

　IT統制ガイダンスによれば，決算財務報告以外の業務プロセスに係る内部統制の評価範囲は，売上高等によって，本社，子会社，支社，支店，事業部等の事業拠点が対象として選定される（実施基準Ⅱ.2(2)①）ことになる

が，IT統制の評価範囲は，評価対象となる事業拠点のアプリケーション・システムとの関係から整理して把握することが基本になる。しかし，事業拠点の組織区分とアプリケーション・システムおよびIT基盤は，必ずしも一致していない場合があることに留意すべきとしている。

> **参考**
>
> ### 組織区分とアプリケーション・システムおよびIT基盤
>
> 組織区分とアプリケーション・システム（IT業務処理統制）が一致しない場合，たとえば図表4-3のように，売上の計上の重要なポイントである出荷情報の発生が特定の子会社の在庫管理アプリケーション・システムにおいて実施されている場合がある。この場合には，当該子会社の売上高にかかわらず，販売システムに関係するアプリケーション・システムとして，当該子会社の出荷業務を評価範囲に含めることになる。
>
> また，組織区分とIT基盤（IT全般統制）が一致しない場合，IT基盤が別の子会社に所属するデータセンタで運用されている場合には，子会社の売上高に関係なく，そのデータセンタも評価範囲に含めることになる。このように，IT基盤は，「連結ベースの売上高等に基づく重要な事業拠点」の組織区分とは必ずしも一致せず，事業拠点のなかに複数存在したり，複数の事業拠点に共通したりする。したがって，この場合のIT統制の評価では，評価対象となるアプリケーション・システムとの関係から整理して把握することになる。図表4-5において，たとえば，販売，在庫管理，購買の3つのアプリケーション・システムが1つのホスト・コンピュータで集中管理されており，すべて同一のIT基盤のうえで稼動している場合，このアプリケーション・システムが設置されているデータセンタは，IT統制評価の対象となると考えられる。

図表4-5　組織区分とアプリケーション・システムおよびIT基盤

％：連結グループ外への売上高
←：システム間の情報の流れ
---：IT基盤の利用

```
                              P社  0%
            ┌──────────┬──────────┬──────────┐
          100%        0%         0%         0%
事業拠点    A社        B社        C社        D社
           売り上げ    物流       仕入れ
業務プロセス
アプリケーション
システム    販売 ←──── 在庫管理 ←── 購買

IT基盤    データ                              データ
          センタ                              センタ
```

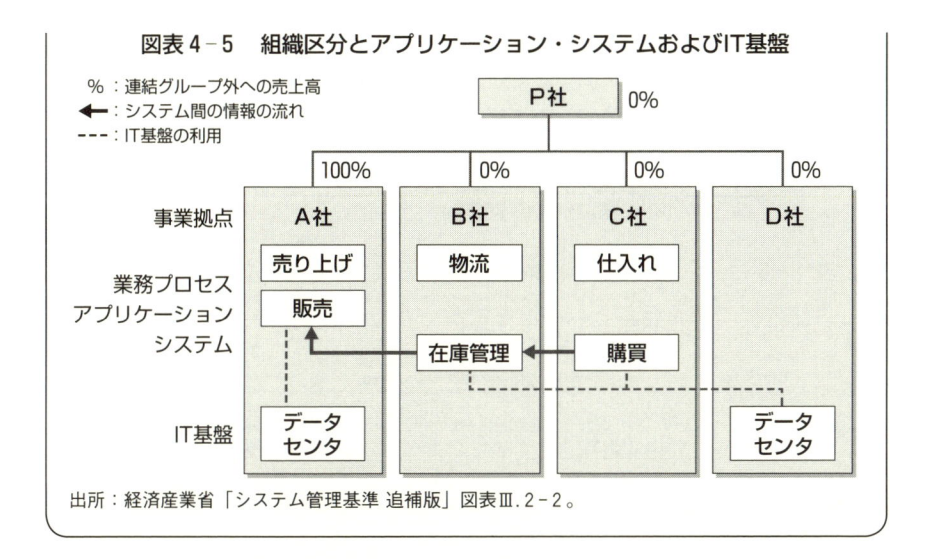

出所：経済産業省「システム管理基準 追補版」図表Ⅲ.2-2。

(6) IT全社統制の統制項目

実施基準ではITへの対応として5項目の全社統制を例示している。

① 経営者は、ITに関する適切な戦略、計画等を定めているか。
② 経営者は、内部統制を整備する際に、IT環境を適切に理解し、これを踏まえた方針を明確に示しているか。
③ 経営者は、信頼性のある財務報告の作成という目的の達成に対するリスクを低減するため、手作業およびITを用いた統制の利用領域について、適切に判断しているか。
④ ITを用いて統制活動を整備する際には、ITを利用することにより生じる新たなリスクが考慮されているか。
⑤ 経営者は、ITに係る全般統制およびITに係る業務処理統制についての方針および手続を適切に定めているか。

3. IT全社統制評価の実務

(1) IT全社的統制の理解および評価項目

図表4-6は，上記のIT全社統制に関する具体的な理解および評価項目と他の内部統制の構成要素との関係を明示したものである。

図表4-6　IT全社統制

評価項目	統制環境	リスク評価	統制活動	情報伝達	モニタリング
1．経営者は，ITに関する適切な戦略，計画等を定めているか。				○	
経営者が財務報告に関連したITへの対応について戦略・計画を定めるか。	○				
ITに関する重要な状況（IT戦略・計画，実績，重要なトラブルなど）は，取締役会，監査委員会に報告されているか。				○	
IT戦略を達成するために必要な人材の採用・育成および教育訓練が適切に行われているか。（※2のIT方針に含めることも可能）	○				
2．経営者は，内部統制を整備する際に，IT環境を適切に理解し，これを踏まえた方針を明確に示しているか。		○			○
IT基盤は理解されているか。	○			○	
ITに関する業務の役割分担・責任・権限は，IT環境に対応して，明確になっているか。	○				
ITに関する方針は体系化されているか。（ポリシーの規程化，ITに関する規程の体系化）	○			○	
ITに関する方針が周知されているか。	○			○	
確立された規程に対する違反に対しての適正な処罰などが公式に存在しているか。	○				
3．経営者は，信頼性のある財務報告の作成という目的の達成に対するリスクを低減するため，手作業およびITを用いた統制の利用領域について，適切に判断しているか。		○		○	○
IT基盤に対して，リスクが適切に分析されているか。		○			
IT環境として，各アプリケーションシステムが影響を与えるビジネスプロセスや勘定科目が明確になっているか。		○		○	
財務報告に係るアプリケーションシステムの重要度が分析されているか。		○			
ITに関するリスクが低減されている（規程の準拠を含む）ことを内部監査・自己点検などでモニタリングしているか。（※"ITへの対応"でなく"モニタリング"で評価するのでも良い）					○
4．ITを用いて統制活動を整備する際には，ITを利用することにより生じる新たなリスクが考慮されているか。			○		○

❹ 内部統制報告制度とITの監査

項目					
ITに関連するリスク評価の方針が定められており，運用されているか。		○			
外部要因に起因する新たなリスクを識別する仕組みが存在しているか。		○			
統制活動へのITの利用によって，新たに生じるリスクを考慮しているか。		○			
ITに関して発生した問題点・注意事項は，周知・報告されているか。				○	
新たなリスク（モニタリング結果を含む）に対して，ポリシーや規程類が見直しされているか。（※「財務報告に係るITに関する内部統制に不備があり，それが改善されずに放置されている。」場合は，実施基準の全社的な内部統制の重要な欠陥の事例に該当する。）		○		○	
5．経営者は，ITに係る全般統制およびITに係る業務処理統制についての方針および手続を適切に定めているか。				○	○
アプリケーションシステムを導入する場合に内部統制を適切に組み込むことが，開発標準で定めれているか。			○	○	
正式なシステム開発標準が確立されているか。（プロジェクト体制，作業工程・作業手順，作成すべき成果物，使用ツール）				○	
正式なシステムプログラム変更標準が確立されているか。（変更依頼書・承認手続，進捗管理，使用ツールなど）			○	○	
コンピュータ処理を正確に適時に運用するための標準や手順書が作成されているか。				○	
一定のセキュリティレベル（個々のアプリケーションシステムを含む）を確保するため，セキュリティポリシーに準拠した詳細なセキュリティ基準・ガイドラインが確立されているか。				○	
6．外部委託に関する契約の管理は適切に実施されているか。	○	○		○	○
外部違約先の重要度に基づいて，契約時に締結すべき事項が明確になっているか。（契約書，SLA：サービスレベル合意書）	○	○			
外部委託業者の選定は，品質や当社の条件を適切に満たすことを確認しているか。		○			
提供されるサービスは定義され，当社と委託先に役割および責任が明確になっているか。	○				
外部委託業者の活動状況を入手し，レビュー（サービスレベルとの差異など）しているか。			○	○	
外部委託業者（アウトソーシングの場合）が構築および運用してる統制活動を定期的に点検および確認しているか。					○

※3にモニタリングを含めているが，他要素の「モニタリング」でITも含まれていれば，「ITへの対応」で記載する必要はない。
※6外部委託先の契約管理について，実施基準ではITGCとしているが，直接的な外部委託先のIT活動の統制評価ではないため，全社的な内部統制とした（必須ではない）。

また，下記は「COBIT for SOX」において，COBIT4.0のIT全社統制項目を統制活動以外の内部統制の構成要素別に分類したものである。

統制環境について考慮すべき事項	COBIT4.0の参照項目
IT戦略の策定	
1．経営者は経営目標に沿ったIT戦略計画を作成しているか？ 計画の策定手法はIT戦略計画により影響を受ける内部・外部利害関係者からの要望を反映する仕組みを含んでいるか？	PO1.4
2．IT部門は社内の業務プロセス・オーナおよび関連当事者と，IT計画について話し合っているか？	PO1.2 PO6.5
3．IT統括責任者は，定期的に最高経営責任者と最高財務責任者に自らの業務，課題，リスクを伝えているか？ また，この情報は取締役会と共有されているか？	PO1.2 PO6.5
4．IT部門は設定した目標を達成するため，戦略計画の進捗状況をモニターし，これに従って行動しているか？	PO1.3 ME1.2
ITプロセス，組織および関係	
5．ITマネージャーには，責務を遂行するうえで適切な知識と経験があるか？	PO7.2 PO7.4
6．関連システムとデータの一覧が作成され，オーナが把握されているか？	PO4.9
7．IT部門の役割と責任が，定義・文書化され，理解されているか？	PO4.6
8．ITスタッフは，内部統制に関する自分達の責任を理解し，受け入れているか？	PO4.6 PO6.1 ME2.2
9．データのインテグリティの責任と義務は，適切なデータ/業務責任者に伝えられ，こうした義務が果たされたか？	PO4.9 PO6.5
10．IT統括責任者は，一個人が重要なプロセスを崩壊させることを合理的に防ぐ役割と責任の分割（職務の分離）を設けているか？	PO4.11
IT人的資源の管理	
11．IT部門は，企業の倫理，業務慣行，および人事評価を含む誠実性を育てるという企業精神を採用・促進しているか？	PO6.1 PO7.7
利用者の教育と研修	
12．IT統括責任者は全スタッフの倫理的行動，システム・セキュリティの実践，守秘基準，誠実性基準，およびセキュリティ上の義務を含む教育と継続的な研修プログラムを提供しているか？	PO7.4 DS7.1
情報と伝達について考慮すべき事項	COBIT4.0の参照項目
マネジメントの意図と指示の周知	
13．IT統括責任者は，変化しつつあるビジネスの状況を反映するため，定期的に方針，手続き，基準を見直しているか？	PO6.3

4 内部統制報告制度とITの監査

	COBIT4.0の参照項目
14. IT統括責任者には，方針，手続き，基準の遵守を評価するプロセスと手続きがあるか？	ME2
15. IT統括責任者は企業改革法（SOX法）に関連する自己の役割と義務を理解しているか？	ME3.1 ME3.2

リスク評価について考慮すべき事項	COBIT4.0の参照項目
ITリスクの評価と管理	
16. IT部門には，財務報告の目的達成を満たすために，情報リスクを定期的に評価する際に用いる，全社レベル，アクティビティレベルのリスク評価のフレームワークがあるか？　またそのリスク評価はITが脅威にさらされる確率と見込みを考慮しているか？	PO9.1
17. IT部門のリスク評価のフレームワークは，経営陣のブレーン・ストーミング，戦略的な計画，過去の監査，その他の評価等を含む，異なる領域からのインプットを用いて，質的・量的基準に従ってリスクの影響を測定しているか？	PO9.2 PO9.3 PO9.4 ME4.5
18. リスクを許容できる場合，適切な保険，債務引受契約および自家保険などの関連するリスクの相殺および残余リスクに関する正式な文書化と受容の承認が行われているか？　リスクが許容できない場合，経営者はリスク対応を行うための行動計画を準備しているか？	PO9.5 PO9.6

モニタリングについて考慮すべき事項	COBIT4.0の参照項目
品質管理	
19. すべての重要なITプロセス・統制・アクティビティに対して文書が作成され，保管されているか？	PO8.2
20. 重要なIT機能に対し品質管理計画（たとえば，システム開発やシステム導入）が存在するか？　またその計画は，全般的およびプロジェクト特有の品質保証活動の双方に取り組むための一貫した手法を提供しているか？	PO8.1 PO8.6
成果のモニタリングと評価	
21. IT統括責任者はIT部門の日々の活動を効果的に管理する適切な管理基準を確立しているか？	ME1.2 ME1.4
22. IT統括責任者はITサービスの提供をモニターし，不足を把握しているか？　IT部門は改善のための活動計画に取り組んでいるか？	ME1.2 ME1.4
内部統制のモニタリングと評価	
23. IT統括責任者は方針，手続き，IT全体のシステムとプロセスを含む，ITのオペレーションについて，独立した第三者のレビューを受けているか？　独立した第三者のレビューは，方針および手続きの遵守状況を評価しているか？	ME1.6 ME2.1 ME2.5

24. 組織には，IT全般統制と業務処理統制を含むITに係る業務と統制の見直しに責任をもつIT内部監査機能があるか？ 残された活動をフォローアップするプロセスがあるか？ 外部サービス業者（サードパーティ）による内部統制のモニターを可能にする仕組みはあるか？	ME2.5 ME2.6 ME2.7

(2) IT全社的統制の整備・運用プロセスの評価方法

IT全社統制の評価に際しては，**図表4-7**で図示したとおり，企業による「IT戦略立案」⇒「IT方針決定」⇒「リスク分析」⇒「運用」⇒「モニタリング」のPDCAサイクルの実行状況を評価することになる。

1）IT戦略

① ビジネス戦略に対応して，IT戦略が策定されている。
- IT戦略は，ビジネスと連携している。
- IT戦略を達成するためのリソース（予算，組織，資源）管理が必要となる。

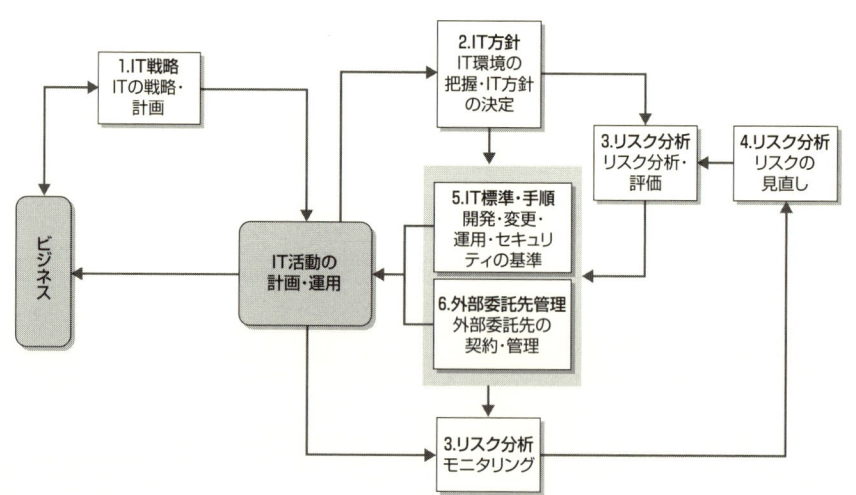

図表4-7　IT全社統制の整備・運用のPDCAサイクル

② 計画・開始されたIT活動の環境を十分に理解し，これに対応したIT方針を決定している。
- 財務報告に関するIT環境を理解する。
- ITシステムの財務報告の内部統制に係る重要性を検討する。

2）リスク分析
① IT環境およびIT方針に基づいて，リスク分析を行っている。
- ITシステムの財務報告の内部統制における重要性を検討する。
- 重要性を考慮したリスク分析を行い，現状のIT環境の固有のリスクを識別する。
- 当該リスクの結果をモニタリングやIT環境に関する評価作業に反映する。

② リスクは，継続的に検討すべき情報を収集することが必要である。
- IT環境の変更（IT組織戦略の変更，新テクノロジーの採用など）
- 外部のIT環境の変化（新たなITに関する脅威など）
- モニタリングで発見された問題点や課題（現状のリスク分析の妥当性）

3）運　用
① リスクを理解し，詳細なITに関する標準，手続などの規程や手順書を策定している。
- リスクを統制できる規程や手順を策定する。
- IT方針に準拠した規程・手順を策定する。

② 策定した規程や手順書に基づいて，IT活動が運用されている。
- IT活動の規程や手順はIT活動の複雑性や外部委託の利用状況で異なる。
- 外部委託先の活用状況によって，当該契約管理の重要性は異なる。

4) モニタリング
① 運用をモニタリングし，その結果として問題点や課題を検出している。
- 運用で規程や手順に準拠しているか。
- 準拠する規程や手順は，リスクを十分に統制しているか。

(3) IT全社統制の整備・運用プロセスの理解・評価の手順

図表4-8は，①IT環境概要の理解に基づき，②ITリスクが評価され，③ITリスクの評価結果によりIT全社統制がデザインされ，④その後のIT全社統制の整備・運用状況の評価によって，⑤ITリスク評価の更新とIT全社統制の改善がなされるというインタラクティブな一連のサイクルを表現している。

また，このサイクルの過程において，⑥IT全社統制の後工程であるIT全般統制（ITGC）の評価単位の予備的決定，⑦評価単位別の特徴の理解，⑧ITGCの領域（ドメイン）ごとに想定されるリスクの予備的評価が実施され

図表4-8　IT全社統制の理解・評価の前工程と後工程

```
                    IT環境の理解
                         │
                         ▼
                    ┌─────────────────────┐
                    │ IT環境概要           │
                    │ ・アプリケーション（概要，プロセスマッピング） │
                    │ ・IT組織（委員会，IT組織，外部委託先）        │
                    │ ・ハードウェア，インフラ，ネットワーク         │
                    │ ・IT関連の規程類                             │
                    │ ・問題点（トラブル・課題）・変更状況          │
                    └─────────────────────┘
                         │
┌──────────────┐   リスク分析   ┌─────────────────┐
│ 全社的な内部統制  │ ◄──────────► │ リスク分析表      │
│ （ITへの対応）   │              │ ・全社的な内部統制の状況（サマリー） │
│ ・IT戦略・計画    │   品質レベル  │ ・評価単位（Unit）の決定          │
│ ・IT環境理解・方針策定│ ────────► │ ・評価単位別の特徴                │
│ ・現状ITに対応したリスク評価│      │ ・IT全般統制の領域別のリスク分析   │
│ ・ITリスク評価の更新│            └─────────────────┘
│ ・IT方針に基づいた手続│                 │        │
│ ・外部委託先の契約管理│                 ▼        ▼
└──────────────┘           ┌─────────────┐ ┌─────────────┐
      規程類の整備              │IT全般統制(Unit 1)│ │IT全般統制(Unit 2)│
                                │ ・新規開発       │ │ ・新規開発       │
                                │ ・プログラム変更 │ │ ・プログラム変更 │
                                │ ・コンピュータ運用│ │ ・コンピュータ運用│
                                │ ・プログラム・データへのアクセス│ │ ・プログラム・データへのアクセス│
                                └─────────────┘ └─────────────┘
```

④ 内部統制報告制度とITの監査

るというリスク・アプローチのロジックを表現している。

実施基準ではITに係る全般統制について，IT基盤の概要を基に評価単位を識別し，評価を行うことを要求している（実施基準Ⅱ3(3)⑤ハ）。

(4) IT環境概要の理解（IT環境概要書とリスク分析表の作成）

IT環境概要の理解のための手続は，会計監査および財務報告に係る内部統制監査においては，重要な虚偽表示リスク評価と内部統制の理解のための手続として必須の手続である。

日本公認会計士協会「IT委員会報告第3号」および「IT委員会研究報告第31号」によれば，ITの概括的理解の手続過程で理解すべき項目と留意点について，以下のとおり例示している。

1) ITインフラの概要
① ハードウェア構成

使用しているハードウェアのメーカー，モデル，数量，設置場所に関する情報を入手する。これらの情報から情報システムとその関連業務の規模や，セキュリティや運用管理の導入状況等をある程度推測することができるので，監査計画を立案するための基礎資料となる。

② 基本ソフトウェア構成

使用しているオペレーティング・システム（OS），ミドルウェア，開発言語・ツール，アクセス管理用ソフトウェア，運用管理用ソフトウェア，データベース，各種ユーティリティソフトウェア等の情報を入手する。なお，ハードウェアと基本ソフトウェアがセットで導入されている場合も多く，両者をあわせて把握する必要がある。

③ ネットワーク構成

ネットワークの形態や使用回線の種類，接続場所に関する資料を入手す

る。これらは，データの流れや端末の設置場所，利用部門を把握するのにも有効である。社内だけでなく，取引先に注文・照会用の端末が設置されている場合や，インターネットを介して注文・取引等の情報の入力等が行われている場合には，それに対応した内部統制の検討が必要となる。

2）アプリケーション・システムの構成

企業の業務活動の流れ，ITが利用されている部分と利用されてない部分の範囲や相互の接点等に留意が必要である。取引の発生から財務諸表の作成に至るまでの会計処理過程のうち，情報システムが関与する部分を識別するために，監査人は，導入されている会計アプリケーション，および販売，購買，物流といった業務アプリケーション・システムの構成を，以下のような観点から把握する。これらは業務処理統制を把握する際の基礎となる。

① アプリケーション・システムの機能の内容

アプリケーション・システムの機能概要を把握する。対象となる業務や取引種類を把握し，自動化されている機能だけではなく，手作業による部分とシステムの利用により実現している機能の範囲，相互の接点などに留意する必要がある。

② 主要な入力データ

会計伝票，物品受領書，出荷指示書といった紙の入力原票だけでなく，電子データ形式の注文データ等，アプリケーション・システムに入力されるデータを把握する。また，それぞれの形態での入力時のチェック方法を業務処理統制として把握することになる。

③ 主要なデータ・ファイル

取引実績を記録する取引ファイル，顧客に関する情報を記録する顧客マスタ・ファイル，商品の属性や価格を記録する商品マスタ・ファイル等，アプ

リケーション・システムで使用される主なデータファイルを把握する。また，複数のアプリケーションで，同一の情報を別々のマスタ・ファイルとして使用している場合には，その整合性が重要となる。

④ 主要な出力情報

アプリケーション・システムからの紙の帳票，画面照会，メールや電子ファイルなどによる主要な出力情報を把握する。さらに，監査上使用している帳票やファイルが，どのアプリケーション・システムから，どのような情報に基づいて出力されたものかを理解することは必須である。

⑤ データの流れ

アプリケーション・システムにおけるデータと業務の流れを把握する。データの流れは，必ずしも手作業による業務の流れと一致しているとは限らない。また，出力情報のデータの源泉を把握するためにも必要となる。

⑥ アプリケーション・システム間のインターフェース

アプリケーション・システム間で授受されるデータの内容，タイミング・頻度等を把握する。データ授受の際のチェック方法を業務処理統制として把握することになる。

3）電子商取引の利用

企業が電子商取引を行っている場合において，従来の商慣習では判断しにくい法律問題や会計処理の問題の発生に留意が必要となる。電子商取引は，利用レベルによって企業の業務プロセスに与える影響度が異なるため，企業が電子商取引を利用している場合には業務プロセスごとに電子商取引の利用レベルを把握する必要がある。電子商取引の利用レベルは，たとえば業務プロセスへ影響度から，情報提供段階（Webサイト等での商品紹介・閲覧），相互作用段階（サイト等での商品検索），取引段階（サイト等での商品発注

と出代金決済）および統合段階（注文処理等の基幹システムとの連動）の4区分が考えられる。また，電子商取引の利用レベルを把握する場合には，利用されている技術や提供または交換される情報，取引金額に占める電子商取引の割合等もあわせて把握しておくことが必要となる。

4）情報システムに対する投資

　企業が行っている情報システム投資を理解するに際しては，ハードウェアに関する費用，ソフトウェアに関する費用，システム関係の人件費，外部委託費用等に区分して把握することが必要である。また，各費用の金額は，運用と開発・保守に区分して把握する必要がある。ハードウェアに関する費用やソフトウェアに関する費用については，取得価額だけではなく，償却費またはリース料，レンタル料も把握することにより毎年の負担額を把握し，外部委託費についてはその概要も把握しておく必要がある。

5）情報システムの変更

　情報システムの変更は，主に業務要件の変更と不具合の修正を原因として実施される。このうち，業務要件の変更は統制に影響を与えるため，業務要件の変更にともなう情報システムの変更は把握しておく必要がある。とくに，自社開発から市販のパッケージソフトへの変更など，統制のデザインが大きく変わるような情報システムの変更は留意する必要がある。

6）情報システムの安定度

　過去における障害発生の有無と程度を理解し，内部統制のデザインに欠陥がある可能性に留意が必要である。情報システムの安定度を把握するには，過去1年間に発生した重要な障害・トラブル（業務の中断等）の概要，その原因と対応，その後の防止策に留意することが必要である。この場合，情報システム部門のみではなく，ユーザ部門に対するインタビューを行うことも有効である。

4 内部統制報告制度とITの監査

7) アウトソーシング（外部委託）の利用状況

　企業が業務の外部委託を行う場合，何を外部委託するかによって，留意点も異なってくる。たとえば，システム開発を外部委託している場合には，受託会社の開発標準，進捗管理，プログラム等の検収体制，ドキュメントの入手，システムの変更手続，セキュリティ対策等に留意し，外部要員を社内で勤務させる場合には，委託業務範囲の明確化，本人確認の手段，受託会社および社内の承認手続，社内教育研修の受講，夜間オペレーション等の管理等に留意する。また，情報処理を外部委託している場合には，入力原票等の管理，データ訂正手続，出力帳票の管理，セキュリティ対策，トラブル管理等に留意する。

8) アライアンス（共同センター等の業務提携）の状況

　企業が，業務の重要な部分を資本関係のない外部と連携し，また依存している場合には，アライアンスの状況の把握も重要となる。資本関係がない場合には，相互の契約によりその業務が遂行される。たとえば，契約により企業の業務の重要な部分の一部が企業外部の提携先にあり，企業とネットワークで繋がっている場合には，提携先のITの信頼性が，財務情報の信頼性に大きくかかわることになるので，提携先のITを利用した情報システムに関する重要な虚偽表示リスクの評価をする必要がある。

(5) IT環境概要の記載様式および記載例

　以下，**図表4-9**から**図表4-15**として，IT環境概要の理解・評価の文書化の事例を紹介する。

図表4-9-1　ネットワーク機器構成図（記載例）

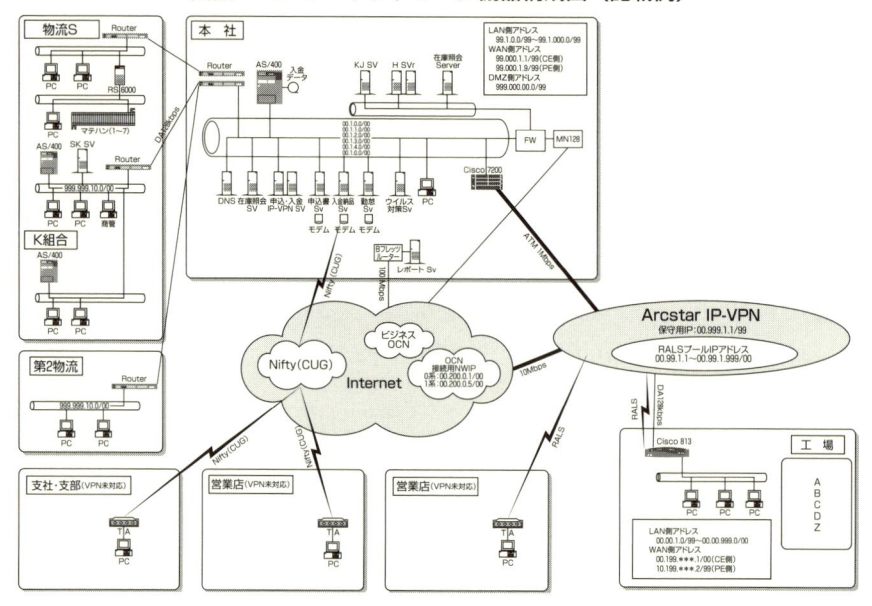

図表4-9-2　ハードウェアおよび基本ソフトウェア構成（記載例）

No.	メーカ・モデル（台数）・目的	OS	DBMS	その他システムソフトウェア	設置場所	運用場所
1	BM20XX-XXX（本番機1台, 開発機1台）	OS/390	DB2	RACF（セキュリティソフト） A-AUTO（オペレーション、スケジュール処理）、 TSO/ISPF/PDF/SDSF/KDP Tivoli-System Automation（自動オペレーション管理システム） Tivoli-NetViewTivoli（ネットワーク監視）	本社コンピュータ室	本社
2	HP NX/7000 Webサーバ(2台), APサーバ(1台), DBサーバ(1台) 開発用（1台）	HP-UX11i	Oracle9i	JP1/AutomaticJob Management System2-Manager（ジョブ実行機能） JP1/Base（システム統合管理） OpenView Operetion（システム監視）	本社コンピュータ室	本社
3	HP ProLiant DLXXX	Windows 2003 Server	SQLサーバ	特になし	経理部	経理部

❹ 内部統制報告制度とITの監査

図表4-9-3　ネットワーク概要（記載例）

No.	ネットワーク名・用途	接続先	回線の種類	セキュリティ概要／データ・プログラムへのアクセスへの影響	管理部門／監視場所	リスクの程度※
1	社内WAN	支店・工場	IP-VPN	社内に閉じたネットワークであり、外部からの侵入のリスクはない。	情報システム部	低
2	EDI：XX業界用のネットワーク	仕入先	XXVAN	当社からVANセンタに送受信してデータ交換を行い、外部から当社へのアクセスはできない。	情報システム部	低
3	インターネットから顧客Webシステムにアクセスし、注文を受け付ける。	顧客	インターネット	ファイアーウォール、DMZにより、顧客Webシステム以外は、直接にインターネットからアクセスすることはできない。	情報システム部	中
4	開発ベンダとのリモート接続	XXベンダ	ISDN	開発ベンダから必要な都度、接続する。	情報システム部	高
5	XX会社の給与に関するASPシステムの利用	XX会社	インターネット	システムを利用する都度、当社からインターネットを経由して、人事部門の端末から接続する。端末には、特別なソフトやデータは管理されていない。	人事部	低（XX会社を除く）

※データ・プログラムへのアクセスに関する影響度（固有リスク）が低いネットワークは、"低"と記載し、ITGCの評価対象としない。

図表4-10　アプリケーション・システム構成（記載例）

アプリケーションシステム概要				アプリケーション機能			
No.	システム名	重要性	評価単位	主要なユーザ	機能概要（重要性の判断理由を含む）	インタフェース	P/C
1	連結決算システム	高	U3	経理部	連結パッケージ 連結計算	総勘定元帳	パッケージ
2	総勘定元帳システム	高	U3	経理部	総勘定元帳 買掛金管理（原材料，経費），支払処理及び関連仕訳	各種システム	パッケージ
3	Web受注システム	中	U2	代理店	代理店から，受注入力を直接に実施する。		自社開発
4	販売管理システム	高	U1	営業部	営業部からの受注入力，受注処理，出荷処理，売上金額データの作成処理 製品の在庫管理	Web受注システム	自社開発
5	売掛金システム	高	U1	債権管理部	売上金額の請求処理，入金処理，売掛金残高管理	販売管理システム	自社開発
6	購買システム	高	U1	調達部など	原材料の発注，入荷及び在庫管理 購買単価の管理	生産管理システム	自社開発
7	生産管理システム	中	U1	生産管理部	生産計画，生産指示，生産実績 仕掛品管理		自社開発
8	原価計算システム	高	U1	経理部	原材料，仕掛品，製品の原価計算	販売管理，購買，生産管理	自社開発
9	固定資産システム	低	U3	経理部	固定資産取得，減価償却計算，固定資産除却		パッケージ
10	人事給与	低	U4	人事部	委託先のXX会社が所有しているシステムであり，当社には，ユーザ用の端末機能（Web）しか提供されていない。		？

	ハードウェア・OS				その他	
No.	メーカ・モデル（集中/分散）	OS	DBMS	場所	IT管理部門	セキュリティ方式
3	HPサーバ	Windows2003 Server	SQLサーバ	経理部	経理部	独自
3	HPサーバ	Windows2003 Server	SQLサーバ	経理部	経理部	独自
2	HP NX/7000	HP-UX11i	Oracle9i	本社センタ	システム部	独自
1	IBM20XX-XXX	OS/390	DB2	本社センタ	システム部	独自
1	IBM20XX-XXX	OS/390	DB2	本社センタ	システム部	独自
1	IBM20XX-XXX	OS/390	DB2	本社センタ	システム部	独自
1	IBM20XX-XXX	OS/390	DB2	本社センタ	システム部	独自
1	IBM20XX-XXX	OS/390	DB2	本社センタ	システム部	独自
4	HPサーバ	Windows2003 Server	SQLサーバ	経理部	経理部	独自
？	委託先が管理しており，当社では特に理解していない。	？	？	委託先のXX会社	委託先のXX会社	電子証明書

❹ 内部統制報告制度とITの監査

業務プロセス				J-SOX評価対象外のプロセス				
決算・財務	売上・売掛金	棚卸資産	購買・買掛金	財務（低）	投資（低）	経費（中）	固定資産（中）	人件費（高）
連結決算								
総勘定元帳	総勘定元帳	総勘定元帳	総勘定元帳 買掛金管理 支払管理	現預金 補助簿 総勘定元帳	総勘定元帳	経費処理 総勘定元帳	総勘定元帳	総勘定元帳 給与支払
	Web受注（受注全体の1/4程度あり，入力チェックは販売管理システムで再度実施している）							
	受注， 出荷指示， 出荷実績 販売単価管理 売上金額の計算	製品在庫管理						
	請求処理 （消費税計算含む） 売掛金管理			入金処理				
		原材料 在庫管理	発注，入荷 仕入金額					
		仕掛品 在庫管理 （仕掛品在庫は少ない）						
		原価計算						
							固定資産 減価償却 計算	
								給与計算 給与振込 情報

※決算財務報告プロセスおよびその他業務プロセスと各アプリケーションの関連（マッピング）を中心に，OSおよびDBMS，セキュリティ，他システム・アプリケーションとのインターフェース，サーバ設置場所および管理責任部署等のリスク情報を記載する。

図表 4-11　IT組織（記載様式）

項目	名称	場所	人数	概要（グループ名，役割・責任，委託範囲など）	評価対象とすべき組織か？
【IT関連委員会】					
【本社IT部門】					
【その他IT担当】					
【外部委託先】					

図表 4-12　規程概要（記載様式）

文書名	管理部署	最新更新	概要・目的	上位規程

❹ 内部統制報告制度とITの監査

図表4-13 現状の問題点・課題／変更状況（記載様式）

現状の問題点・課題

No.	問題点・課題	発生（目標）年月	概要	財務報告への影響の可能性

変更状況

No.	変更項目	変更年月	変更概要	財務報告への影響の可能性

図表4-14 IT全社統制に関する総合評価（記載例）

全社的な内部統制の評価結果

総合評価		ITへの対応（IT全社統制）に関する概況
ITへの対応は，適切に実施されている。	統制環境	・IT計画は，経営会議で議論されており，経営戦略との一貫性も確認されている。 ・IT戦略に対応して，社内で必要なITに関する人材を識別し，知識を蓄積させるための人員配置，年間計画の教育を行っている。 ・IT基盤概要書で，財務報告に係わるシステムが明確となっている。 ・会社全体をカバーする方針として「セキュリティポリシー」が作成されている。また当該方針は，入社研修やWebでの周知が実施されている。
	リスク評価	・IT基盤概要書において，システムとプロセスとの関連性を明確にし，重要性を評価している。 ・IT基盤概要書において，システムを評価単位に分類し，当該評価単位の特徴およびリスクを分析している。 ・テクノロジに関する新たなリスクはベンダーから月次報告で提供されるため，影響および対処を検討し，議事録に結果を記載している。
	統制活動	・セキュリティポリシーに基づいて，詳細な開発規程，運用に規程，セキュリティ規程，委託業務規程が策定されている。
	情報伝達	・規程類の策定および当該規程の周知が行われている。 ・重要なITに関する問題点は，月次のITミーティングで報告され，IT部門長および担当役員に報告されている。
	監視活動	・内部監査は，ITに関しても対象としており，その結果として指摘された事項は，規程の変更や手続の変更に反映させている。

図表4-15　ITGC評価ユニット別リスク評価（記載例）

全社的な内部統制の評価結果を基礎に，各評価単位の決定，評価単位別の方針を検討する。

評価単位	対象有無	特徴	新規開発	プログラム変更	コンピュータ運用	セキュリティ	業務委託
U01	Yes	メインフレームを基盤とした基幹システムが運用されている。 ・開発機と本番機は分離されている。 ・複数システムが同一環境で開発・運用されている。	当期は，新規開発予定はない。	四半期ごとに計画した変更および緊急対応の変更が継続的にある。	日次，月次バッチ処理は重要であり，複雑である。 重要な障害はとくになく，障害が異常に多い状況にはない。	セキュリティソフトを使用して，OS，DBMSのアクセスコントロールを管理している。 ネットワークでダイレクトに開発用のオンラインエディタ画面にアクセスすることはできない。	重要なアウトソーシング先はない。
U02	Yes	UNIXサーバを基盤としたフロントシステムが運用されている。 ・各システム毎に開発・本番機のサーバが配置されている。 ・開発・変更は，各チームで行っているが，運用はすべて運用部門が管理している。	支払ワークフローが12月に稼動する予定である。 これ以外に新システムの開発の予定はない。	同上	リアルタイム処理が中心で，重要なバッチ処理はない（基幹システムへのI/Fファイルはリアルタイムで作成される）。 重要な障害はとくになく，障害が異常に多い状況にはない。	UNIXおよびOracleでアクセスコントロールが行われている。 Webからのユーザがアクセス機能が提供されている。	同上

❹ 内部統制報告制度とITの監査

U03	Yes	部門のパッケージソフトが運用されている。当該パッケージは、日本で非常に有名なソフトをアドオンなく導入しており、導入時のコンフィグ設定もほとんど必要ないものである。 ・開発・変更はベンダーが実施するため、本番機のみが配置されている。 ・本番機は、各部門のファイルサーバと同じ場所に配置されている。	当期は、新規開発予定はない。	プログラム変更は、パッケージのバージョン管理のときだけである。当期は、バージョンアップの予定はない。	主にリアルタイム処理である。バッチ処理も、すべてユーザのメニューで実行し、正常に実行されたことは、画面で確認できる。 重要な障害はとくになく、障害が異常に多い状況にはない。	ソースプログラムは提供されていないため、変更を行うことはできない。ただし、データベースへのアクセスのリスクはある。 パッケージベンダーを含め、外部からアクセスする環境にない。	パッケージベンダーと保守契約はしているが、とくに重要なコントロールを依存しているわけではない。
U04	Yes FS監査目的のみ	外部に給与計算を委託しているため、これにともなう給与システムがある。	外部委託先に依拠している。	同左	同左	同左	外部委託先とは、契約を締結し、委託先の責任（コンピュータ処理の信頼性を含む）を明確にしている。

※評価単位は、管理（開発、運用）しているIT組織、ハードウェアの性質などを考慮して、同一に評価できるシステムを1つの単位としてグループ化したものである。
※各評価単位の特徴、新規開発、変更、運用、セキュリティは、当期のリスク分析（特徴および状況）であり、当期における評価の方針となる。

> **参考　クライアント・サーバシステムとホスト系システム**
>
> 　以下，日本公認会計士協会「IT委員会研究報告第31号」より抜粋・編集。
>
> 　クライアント・サーバシステムとは，パソコン（PC）などのクライアントが，情報処理の中核を担うサーバにネットワークで処理を要請する一方，処理の一部をクライアント自身でも行う構成のシステムである。情報処理が，サーバおよびクライアントの双方で行われるため，クライアント・サーバシステムは分散型システムとも呼ばれる。たとえば，会計システムにおいて，支店・工場におけるクライアントは，データ入力および入力したデータに基づいて仕訳帳の作成などの処理を行い，この処理されたデータが本社のサーバに送信され，本社サーバは送信された結果に基づいて全社での計算等の情報処理とデータの管理を行う。データはホスト系システムと異なり，各クライアントに保存されている。サーバは，情報システム部門が管轄しているマシンルームにおかれているケースが多いが，当該データを利用している部署におかれているケースもある。
>
> 　クライアント・サーバシステムに対比されるものとしては，ホスト系システム，すなわち中央のコンピュータ（ホスト）で集中して演算処理を行い，各端末装置では入出力のみを行う構成のシステムがあげられる。たとえば，会計システムにおいて，支店・工場における端末は，単に日付や勘定科目などのデータを入力するのみであり，本社にあるホストコンピュータが受け取ったデータを集中して処理することになる。このため，各端末にはデータは保存せず，ホストコンピュータは，情報システム部門が管轄しているマシンルームにおかれ，マシンルームについては入退出管理などで厳重に管理されていることが多いという傾向がある。
>
> 　ITについては，技術的な変化が激しく，ホスト系システムが特定のベンダーに依存したOSなど技術的にも特殊であるのに対して，クライアント・サーバシステムでは技術に関して共通化かつオープン化されていることが多く，開発管理体制の脆弱性，開発手法の未確立，運用管理体制の不備，管理手法

の未確立およびセキュリティ対策の未整備等のリスクが生じやすくなっている。したがって，情報システムの担当部署の人間が，クライアント・サーバシステムに対する技術の理解度が高く，十分な管理体制をとっているかを留意する必要がある。また，クライアント・サーバシステムでは，クライアントごとに運用管理の環境にばらつきが生じてしまう可能性があり，このため処理しているデータについて権限のない者による不適切な修正・更新が行われることにより，データに関する正当性・整合性・正確性・網羅性が確保されないリスクが生じる。

4. IT全般統制（ITGC）の評価の実務

(1) ITGCの領域（ドメイン）

実施基準では，経営者が有効に整備および運用評価すべきITに係る全般統制の領域（ドメイン）として，下記の4つのドメインを例示している。

① システムの開発，保守
② システムの運用・管理
③ 内外からのアクセス管理などのシステムの安全性の確保
④ 外部委託に関する契約の管理

内部統制の有効性の評価のうち，内部統制の運用状況の有効性の評価にあたっては，経営者は，業務処理統制の運用状況の評価とあわせて，関連する全般統制の運用状況の評価を実施するが，業務処理統制の運用状況の評価の実施範囲を拡大することにより，全般統制の運用状況の評価を実施せずに，内部統制の運用状況の有効性に関して十分な心証が得られる場合もあるとしている。

IT統制ガイダンスによれば，ITに係る全般統制の例示と評価における留

意点として下記を例示している。

1) システムの開発・保守

　経営者は，情報システムの新規開発やパッケージソフトウェアの導入，およびITの運用・管理のための統制が整備・運用されているかを評価する。企業が開発業務を適切に管理していない場合には，たとえば，未承認の発注取引を防止する機能を組み込んでいない等，完成したシステムの正当性が確保されないため，統制が整備されていないという評価結果となることに留意する。

　また，開発業務に関しては，ユーザ部門等の参画によるテストが実施されているかを評価する。保守業務に関しては，変更管理が適切に実施されているかを評価する。

2) システムの運用・管理

　経営者は，企業が適切なデータを適切なプログラムで処理し，信頼できる処理結果を得るための統制が整備・運用されているかを評価する。

3) 内外からのアクセス管理などのシステムの安全性の確保

　経営者は，データ，ソフトウェア，ハードウェアおよび関連設備等の不正使用，改ざん，破壊等を防止するアクセス管理などによる統制や自然災害等で財務情報が滅失しないような対策（統制）が整備・運用されているかを評価する。

4) 外部委託

　情報システムの開発業務や運用業務等を外部委託している場合には，経営者は，委託業務を管理するための統制が整備・運用されているかを評価する。経営者は，受託会社の選定基準，成果物等の検収体制，受託会社の統制を理解し，自社の統制に与える影響等を評価する。

4 内部統制報告制度とITの監査

外部に委託している業務が基幹業務の一部である場合には,委託先におけるシステム障害が,委託元の業務の運営に支障をきたす可能性がある。したがって,経営者は,委託先との間で合意されているサービス・レベルが管理されているかを評価する。

(2) ITGCの統制活動

図表4-16で,IT全般統制の各ドメインにおける主要な統制活動を例示し,統制活動のポイント,IT活動の構成要素との関連およびIT固有のリスクとの関連を**図表4-17**で解説する。

図表4-16　ITGCの例示

NO	リスク	統制上のポイント
A	新規開発：財務報告に適合するための新しいシステムが開発される。	
A1	新規システムが，要件と合致しない。	新規システムが，ユーザ要件と合致していないと，ユーザが想定しているデータが作成されない可能性がある。原因は，ユーザと開発者の認識不足（要件定義間違い），プログラム品質管理不足（プログラムのバグ）の両者が考えられる。
A1-01	開発要件をユーザが適切に定義しているか。	①要件定義がユーザの要件と合致していることを，ユーザがどのように確認しているか。 ・ユーザ責任者（システムオーナ）は明確か。 ・承認者は誰か。 ・説明資料は，ユーザが機能の間違いを発見できる程度に詳細であるか。 ・どのように承認するか（説明資料を含む）。 ②途中で要件の変更が行われる場合があるが，当該要求がシステム要件に，適切に反映されるように，どのように管理されているか。 ・ユーザの変更要求はリストされているか。 ・開発部門がシステム要件に反映したことを，どのようにユーザ部門に説明しているか。 ・システム要件に反映できなかった要求は，ユーザ部門の合意をどのように確認しているか。
A1-02	承認された開発要件を開発部門が適切に理解する手続があるか。	ユーザ要件を開発部門が理解し，間違った要件でシステム開発を行わないように，どのように統制されているか。
A1-03	開発に関するテストが開発部門で適切に実施されているか。	①プログラムの正確性を確保するため，どのようにテスト計画書が作成されるか。 ・テスト計画は重要な機能を満たしているか。 ・テスト計画は，適切な承認が行われているか。 ②テスト実施の結果，信頼できるプログラムであることをどのように判定しているか。 ・当該計画がすべて完了していることを管理しているか。 ・テスト結果で発見された問題点は，リストされているか。 ・発見された問題点が解決されたことを確認しているか。 ・テスト結果として，システムの品質が確保されていることを判定・承認しているか。

記載上の留意点	IT活動の構成要素（subcomponents）								IT特有リスク(図表4-17を参照)						
	開発管理	開始要件	システム構成	テスト品質	データ移行	本番移行	文書研修	職務分離	1	2	3	4	5	6	7
	○	○	○	○		○		○	○				○		
開発部門やベンダが詳細な要件を定義している場合は，ユーザ責任者が理解し，承認した証跡が必要である。承認が会議であれば，議事録で報告された内容・出席者，決定結果が記載された議事録が必要である。		要件定義													
開発部門が主体で要件定義を行っている場合は，A1-01,02を統合して評価することが効率的かもしれない。		要件定義	開発者												
ベンダが開発を行っている場合は，次のようなモニタリングをコントロールとすることが考えられる。 ・テスト結果（テスト内容やその結果）の報告をベンダから受け，システム部門が評価する。 ・システム部門が自ら一部のテスト（ユーザ受入テストで代替することも考えられる）を実施し，テスト結果を確認する。			テスト												

NO	リスク	統制上のポイント
A	新規開発：財務報告に適合するための新しいシステムが開発される。	
A1-04	開発されたシステムが，ユーザ部門の要件通りであることを受入テストなどで確認しているか。	①受入テスト計画が妥当であるか，システム部門・ユーザ部門がどのように承認しているか。 ②受入テストの結果は，どのように管理されているか。 ・テスト結果は，どのように集計されるか。また，発見された問題点は，記録されているか。 ・発見された問題点が解決されたことのステータス管理がどのように行われているか。 ・最終的に受入テストが合格であることを，誰が決定（承認）しているか。
A1-05	本番稼動日は，十分に検討された結果として決定されるか。	本番稼動の最終版の導入スケジュールは，どのように決定されるか。 ・決定は，どのような資料に基づいて，誰が承認するか。 ・資料は，導入スケジュールを確定させるのに十分なものであるか。 ・資料には，問題（要件の積み残し，未解消のバグ）が記載されているか。 ・問題があるがスケジュール通り稼動させると判断する場合の特別な手続はあるか。
A2	新規開発に適切なIT統制が組み込まれていない。	新規システムに対する新たなリスクは，現状の内部統制では十分に軽減できない可能性がある。
A2-01	開発要件の定義において，IT統制が組み込まれているか。	開発要件で，プロセスの改革にともなう新たなリスクに対して，IT統制の組み込み，運用方法が検討されているか。とくに，新システムにおいて，アクセスコントロールは必ず検討する必要がある。
A2-02	開発インフラやパッケージ選定時に，IT統制を組み込めるか確認しているか。	主に新規のテクノロジーやERPを導入する場合に，IT統制の検討が十分に実施されているか。
A3	移行データが誤って，導入される。	導入初期値のデータが信頼できない場合，数値が間違ってしまったり，運用後に情報が信頼できずにトラブルが生じる危険性がある。
A3-01	移行データの導入手順（範囲，生成手順，テスト方法，導入手順）が明確となっているか。	新システム開始に必要なデータが定義され，当該データの移行手順が，どのように整備されるか。 ・データ移行の手順書は，作成され，ユーザ責任者の承認を受けているか。 ・手順書には，移行データの範囲，作成手順，テスト方法が明確になっているか。

記載上の留意点	IT活動の構成要素（subcomponents）								IT特有リスク（図表4-17を参照）						
	開発管理	開始要件	システム構成	テスト品質	データ移行	本番移行	文書研修	職務分離	1	2	3	4	5	6	7
並行ランでユーザが確認することも有効な統制である。				受入テスト											
品質が保証されないのであれば，スケジュールを延期する判断を行うことも重要な統制である。						本番移行	本番移行								
新規システムのビジネスプロセスの変更に対応した内部統制を構築することが検討される必要がある。	○	○											○		
全社的な内部統制で新たなリスク認識が行われているはずであるから，これと整合した記述が必要である。	標準	要件定義													
同上															
					○	○			○						
新システムへのデータ移行が適切に実施できる手続・手順が事前に検討されている必要がある。					計画										

NO	リスク	統制上のポイント
A	**新規開発：財務報告に適合するための新しいシステムが開発される。**	
A3-02	データ移行は，以前にテストが行われているか。	本番のデータ移行前に，どのようにテストが実施されるか。 ・本番移行前にデータ移行のリハーサルが行われているか。 ・リハーサルの結果は，集計され，問題点はまとめられているか。 ・判明した問題点の対応策が本番稼動までに解決されているか。
A3-03	データ移行後に当該データの信頼性に関する検証（ユーザ含む）が行われているか。	本番データ移行において，データが正確に，完全に移行されたことをシステム部門・ユーザ部門はどのように検証しているか。 ・テスト結果は，どのように集計されるか。また，発見された問題点は，記録されているか。 ・発見された問題点が解決されたことのステータス管理がどのように行われているか。 ・最終的にデータ移行が正確に完全に完了したことを誰が承認しているか。
A4	システム導入後に不正確な運用が行われる。	新システムにおいて，ユーザの操作や運用部門のジョブ管理が適切に運用されないと，システムが正確でも導入後のシステムから信頼性のあるデータが作成されない。
A4-01	ユーザの訓練が行われるか。	①ユーザマニュアルは作成され，ユーザが操作に慣れるための訓練は行われているか。 ②システム部門の日常の運用に関するマニュアル（運用マニュアル，トラブル対処のマニュアルなど）は作成されているか。
A4-02	開発ドキュメントが適切に保存され，メンテナンスされる手続があるか。	開発ドキュメントは，作成され，承認が行われているか。 ・途中の仕様変更を反映させたドキュメントであるか。 ・機能の詳細が確認できる程度に詳細なドキュメントであるか。

4 内部統制報告制度とITの監査

記載上の留意点	IT活動の構成要素（subcomponents）								IT特有リスク（図表4-17を参照）						
	開発管理	開始要件	システム構成	テスト品質	データ移行	本番移行	文書研修	職務分離	1	2	3	4	5	6	7
本番時のデータ移行が適切に実施できる準備が求められる。とくに既存システムからデータ移行する場合は，移行のタイミングを含めたテストが必要となる。 並行ランが行われている場合は，当該並行ランにおいて，既存システムと照合する作業が必要となる。					テスト										
並行ランが行われている場合は，当該並行ランにおいて，既存システムと照合する作業が必要となる。				テスト	検証										
					○		○								
新システムは，操作方法が旧システムと異なるため， ・操作方法を十分に理解して，入力間違いや漏れを防止する。 ・想定していた機能を利用し内部統制の有効な運用を行う。							訓練								
自動化テストの簡素化（システム仕様書のレビューのみのテスト）を採用するのであれば，当該統制が有効であることが必要である。 ユーザ受入テストの内容とドキュメントに差異があると，運用上の有効性を疑問視する必要がある。							文書保存								

NO	リスク	統制上のポイント
B	プログラム変更:プログラムの変更が,財務報告に適合し続けることが確保される。	
B1	変更プログラムが,要件と合致しない。	変更プログラムが,ユーザ要件と合致していないと,ユーザが想定しているデータが作成されない可能性がある。原因は,ユーザと開発者の認識不足(要件定義間違い),プログラム品質管理不足(プログラムのバグ)の両者が考えられる。
B1-01	変更要件をユーザーが適切に理解しているか。	開発部門が作成した変更仕様をユーザは,どのように確認・承認しているか。 ・承認者は誰か。(承認方法は,説明会議や打合せ会議などへの参画でもよい)。 ・何(説明資料)に基づいてユーザは,承認するのか。
B1-02	承認された要件を開発部門が適切に理解する手続があるか。	開発担当は,ユーザの変更要求を適切に理解したことをどのように確認しているか。 ・実際に開発するチーム/担当者への説明が行われているか。 ・開発担当者は,詳細な仕様や見積を作成しているか。
B1-03	変更プログラムに関するテストが開発部門で適切に実施され,ユーザ部門が要件通りであることを受入テストで確認しているか。	①開発担当者が実施したテスト結果は,どのように管理されるか。 ・テスト結果には,テストしたシナリオやその結果が理解できるように記載されているか。 ・テスト結果として作成される資料には,発見された問題が記載されているか。 ・テスト結果は,開発リーダまたは責任者が確認・承認しているか。 ②ユーザ部門は,どのように受入テストを実施しているか。 ・ユーザ部門が受入テストを実施する基準(金額,規模,案件時に判定など)はあるか。 ・受入テストの結果は,集計され,問題ないことが確認されているか。
B1-04	変更履歴は保存され,開発ドキュメントで最新の仕様が理解できるか。	①開発ドキュメントが更新されたことを,どのように確認しているか。 ・ドキュメントのバージョン管理が行われているか。 ・ドキュメントを更新したことを,開発リーダまたは責任者が確認しているか。 ②プログラムのバージョン管理は,どのように行われているか。
B2	変更すべきプログラムが変更されない。	ユーザが変更されたと思ってシステムを利用すると,ユーザが想定したデータがシステムで作成できない可能性がある。

4 内部統制報告制度とITの監査

記載上の留意点	IT活動の構成要素（subcomponents）							IT特有リスク（図表4-17を参照）						
	保守管理	要求追跡	開発	テスト品質	本番移行	文書研修	職務分離	1	2	3	4	5	6	7
		○	○	○		○		○						
軽微な変更の場合は，開発部門が発案した案件の可能性もあるが，当該事項についても事後的でもユーザは理解することが必要である。		変更要件												
ユーザ要件を開発部門が理解し，間違った要件でシステム開発を行わないことが統制されていることが目的である。		変更要件	開発者											
もし，ユーザ受入テストを実施しない場合は，その範囲を明確にし，ユーザ要件を十分に開発部門が理解している証跡が必要になる。 緊急時のプログラム変更に関する手続を含む。				テスト										
自動化テストの簡素化を採用するのであれば，当該統制が有効であることが必要である。 とくに，システムの機能の運用評価を質問＋仕様書のレビューのみとする場合は，当該統制活動が有効であることを十分に検証することが必要である。					文書更新									
変更の網羅性をどのようにコントロールするか。	○			○								○		

NO	リスク	統制上のポイント
B	プログラム変更：プログラムの変更が，財務報告に適合し続けることが確保される。	
B2-01	進捗管理が適切に実施されているか。	変更要求案件の進捗状況を，どのように確認しているか。 ・変更要求の一覧は作成しているか（要求文書の綴りでもよい）。 ・一覧には，期限や進捗状況が記載されているか。 ・作業が遅れている変更案件に関して，業務プロセスに支障がないことを確認しているか。
B2-02	本番環境への移行依頼は，適切に実施されているか。	①開発担当からの本番移行依頼はどのように承認され，移行作業が行われるか。 ・承認された本番移行依頼は，開発担当者から移行担当者にどのように通知されるか。 ・本番移行されるプログラムは明確になっているか。 ・本番移行依頼に対して，移行担当者が確認しているか。 ②本番移行作業の結果は，どのように確認されているか。 ③上記①，②の手順を踏めない緊急の場合，事後的にでも次のような手続が行われているか。 ・緊急作業の理由（障害であれば障害記録の番号を含む）が明確に記録されているか。 ・変更内容（緊急の理由を含む）は，システム部門で承認（事後であるが）されているか。
B3	プログラムが不正に変更される。	承認のない変更プログラムが移行された場合，低い品質または不正なプログラムが組み込まれる可能性がある。
B3-01	適切な手続のない変更プログラムは本番環境と分離されているか。	開発，テスト，本番の環境は，どのように分離されているか。 ・分離は，どのように（機器の分離，ライブラリの分離など）に行われているか。 ・本番環境にアクセスする人は，どのような人に限定されているか。
B3-02	本番環境に承認のない変更プログラムが移行できないように統制されているか。	開発担当者が勝手に本番環境にプログラムを移行できないように，どのように制限をしているか。 ・本番移行できる担当者や手順は限定されているか。 ・緊急の場合でも異なることはないか。 ・承認のない本番移行が行われていないことを確認しているか。

❹ 内部統制報告制度とITの監査

記載上の留意点	IT活動の構成要素（subcomponents）							IT特有リスク(図表4-17を参照)						
	保守管理	要求追跡	開発	テスト品質	本番移行	文書研修	職務分離	1	2	3	4	5	6	7
変更すべきプログラム（案件）が進捗管理されることで変更漏れが確認できる。		開発進捗												
変更すべきすべてのプログラムが移行作業となっていることをどのように確認しているかが必要となる。					本番移行									
					○	○	/			○	○			
					本番移行	職務分離								
承認のないプログラムが移行されないように，移行依頼の承認や開発者と移行者の分離などが行われている必要がある。また，変更ログのレビューを行い，承認のない変更が行われていないことを発見的に統制することが必要とみとめられる場合もある。					本番移行	本番移行								

NO	リスク	統制上のポイント	
C	コンピュータ運用：本番システムが財務報告に適合できるように処理される。		
C1	バッチジョブが適切に処理されない。	バッチジョブが間違って処理されると，プログラムが正確でもデータやレポートが正確・網羅的に生成されない可能性がある。	
C1-01	ジョブのスケジュールが予定通り実行されるか（ジョブの登録，実行）。	①日次バッチ処理，月次バッチ処理がスケジュール通り実行されるように，ジョブ実行の操作手順書は，どのように整備（手順書名など）されているか。 ②ジョブスケジュールソフトで自動的にジョブ実行される場合は，どのように処理されているか。 ・ソフトの名称，使用している機能名 ・自動で実行されるジョブの範囲 ③手作業でジョブ実行する場合は，手作業間違い・処理漏れを防止する手順（チェックリストの利用など）があるか。	
C1-02	承認のない例外ジョブ（データ修正を含む）は，実行されないか。	①ジョブスケジュールを変更する場合に，どのように承認が行われているか。 ・ジョブスケジュールの登録用紙が記載され，承認されたものであるか。 ・登録結果が正確であることを確認しているか。 ②手作業でジョブを起動する場合で，臨時ジョブ起動は，どのように実行されるか。 ・承認された依頼に基づいて，誰が実行するか。	
C1-03	実行結果は適切に確認されているか。	スケジュール通りにジョブが実行されたことを，どのように確認しているか。 ・監視ソフトを導入しているか。 ・実行時の進捗状況のチェックや処理結果の確認が行われているか。	
C1-04	例外的なデータ修正（データの直接修正）は，承認された依頼書に基づいて実施され，修正結果は，チェックされているか。	例外的に，システム部門が，データ修正を行う場合，どのように実行されているか。 ・依頼文書は記載されているか，また誰が承認しているか。 ・修正作業は，システム部門の誰が実行し，どのように正確に修正されたことを確認しているか。 ・修正結果は，ユーザが確認しているか。	

❹ 内部統制報告制度とITの監査

記載上の留意点	IT活動の構成要素（subcomponents）						IT特有リスク（図表4-17を参照）						
	運用管理	バッチ処理	障害管理	バックアップ	問題管理	災害復旧	1	2	3	4	5	6	7
ユーザ主導のシステムでジョブの起動をユーザが画面から実行する場合は，記載不要の場合がある。		○				/ /	○		○			○	
ジョブスケジュールが適切に計画され，設定され，完全に実行されるための統制である。ジョブソフトを利用していれば，当該ソフトへの登録作業が統制のポイントとなる。手作業でのジョブ実行があれば，チェックリストなどによるジョブの実行の管理やオペレータの管理が必要となる。		ジョブ計画											
例外ジョブの実行に関する，作業依頼の承認，実行結果の確認方法が，上記と異なる場合には，必要となる。		例外ジョブ											
ソフトで，異常メッセージ管理されている場合は，当該ソフト，その機能名，表示される代表的な異常の例を記載する。 オペレータがチェックリストで実行時間を記録したりして，実行状況を監視している場合は，その旨を記載する。		ジョブ実行											
障害対応以外はあり得ないのであれば，障害管理に含めて記載する。		データ修正											

NO	リスク	統制上のポイント
C	コンピュータ運用：本番システムが財務報告に適合できるように処理される。	
C2	リアルタイムを含めたシステムの障害で処理が不完全に実施される。	すべての障害に対して適切な対応を行わないと，処理が不完全となり，不正確（正確性・網羅性）なデータやレポートが生成されてしまう可能性がある。
C2-01	すべての障害が把握されているか。	①障害は，どのように網羅的に検出されるか。（監視ソフトの利用でもよい） ②把握された障害は，どのように記録されているか。 ・記録範囲，記録内容（障害時間，傷害内容など）は何か。 ・障害は，重要度で分類しているか。
C2-02	すべての障害は対処されているか（バックアップのリスタートを含む）。	①記録された障害の対応状況は，どのように記録され，確認・承認されているか。 ②対処が遅れていないか，どのように確認しているか。 ・定期的に障害記録をレビューしている場合，その頻度はどの程度か。 ・対処が遅れている障害に関するフォローアップが行われているか。
C3	データが維持されない。	トラブルが発生した場合にデータが消失し，正確・完全なデータが提供できなくなる可能性がある。
C3-01	バックアップが適切に実施されるか。	①バックアップ方法を，どのように明確にしているか。 ・対象データの決定にユーザ責任者が参画しているか。 ・対象データのバックアップ頻度・世代は，運用手順書などで明確になっているか。 ・運用手順書には，バックアップデータを利用したリスタートの手順も明確になっているか。 ②バックアップ処理が正確に実行されていることをどのように確認しているか。 ③バックアップデータのリストアに関するテストは実施されているか。（C2-02に含めても良い）
C4	インフラが不適切でコンピュータ処理が適切に実行されない。	OSなどの基本ソフト（ミドルウェアを含む）のメンテナンスの頻度やウィルスなどの被害の可能性が高い場合は，必要となるかもしれない。

❹ 内部統制報告制度とITの監査

記載上の留意点	IT活動の構成要素（subcomponents）						IT特有リスク（図表4-17を参照）						
	運用管理	バッチ処理	障害管理	バックアップ	問題管理	災害復旧	1	2	3	4	5	6	7
実施基準Ⅲ4(2)②ロに記載されている事項である			○		○		○						
監視ソフト利用の場合は，ソフト名，エラーメッセージが表示される項目の概要，担当者への通知方法を記載する。記録しない障害がある場合は，その範囲を明記し，これが財務報告の信頼性に影響しないのか検討する必要がある。		処理監視			障害発見								
すべての障害記録に対して，対処（当面の対処と解決策）が行われていることが必要である。また，適切に対処できるように，障害対応手順のマニュアルや障害時に対応可能であるかのテストの必要性も検討すべきである。					障害対処								
実施基準Ⅲ4(2)②ロに記載されている事項である				○									○
そのバックアップが予定どおり実行される状況にあることが必要である。バックアップの実行で，自動バックアップツールを利用している場合は，その旨。手作業の場合は，実行作業が行われたことがどのように記録されるか，記載する。				バックアップ										
サーバ/ホストのリスクが環境により，記載不要な程度にリスクが低い場合がある。（インフラの変更はほとんどない，ウィルスに影響されるOSでない等）	○				○		○						

NO	リスク	統制上のポイント	
C	コンピュータ運用：本番システムが財務報告に適合できるように処理される。		
C4-01	基本ソフトウェアのバージョンアップやパッチの必要性について検討し，要否の判断を行っているか。	基本ソフトウェアのバージョンアップ，パッチの実施は，どのように決定されているか。 ・バージョンアップ／パッチの必要性が検討されているか。 ・実施すると判断した場合に，既存システムへの影響度を検討しているか。	
C4-02	基本ソフトウェアのメンテナンス時は，処理が正常に稼動することを確認しているか。	システムソフトウェアのバージョンアップ，パッチを行った場合に，システムが正常に稼動するか，どのように確認しているか。 ・導入することの承認は行われているか。 ・正常に稼動することをテストしているか。 ・テスト結果は，集計され，問題点はフォローアップされているか。	
C4-03	ウィルスソフトの被害を防止するため，適切な管理を行っているか。	ウィルス対策はどのように行われているか。 ・どのようなウィルス対策ソフトが導入されてるか。 ・パターンファイルの更新タイミング。	
C5	コンピュータ運用が不安定で，間違った処理が行われる可能性がある。	障害を未然に防止する対策がないと，障害発生の頻度が高くなる可能性がある。	
C5-01	CPUやDISKのパフォーマンスを管理し，異常がないか監視されているか。	コンピュータのパフォーマンス管理は，どのように行われているか。 ・CPUやDISKのパフォーマンスは，入手しているか。 ・閾値を設けて，これを超える異常な状況を監視しているか。 ・異常値は，フォローアップされ，システムのトラブルを未然に防止する措置が構築されているか。	
C5-02	機器は定期的に保守点検を受けているか。	機器は，どのように定期点検を受けているか。 ・ベンダとの保守契約を締結する機器の範囲は，リスクと対応して，明確になっているか。 ・定期点検は，どのように行われ，その結果は入手されているか。	
C5-03	コンピュータ機器のトラブルを防止するため，機器の二重化が行われているか。	機器およびネットワークの二重化が行われているか。 ・二重化を行う機器・ネットワークの範囲は，リスクと対応して，明確になっているか。 ・CPU，DISK，ネットワーク（回線，ルータ）の二重化が行われているか。 ・電源の二重化が行われているか。 ・センタの二重化が行われているか。	

❹ 内部統制報告制度とITの監査

記載上の留意点	IT活動の構成要素（subcomponents）						IT特有リスク（図表4-17を参照）						
	運用管理	バッチ処理	障害管理	バックアップ	問題管理	災害復旧	1	2	3	4	5	6	7
基本ソフトウェアのパッチをすべて適用することを要求しているわけではなく，適切な判断（リスク）に基づいて，要否が検討されていればよい。					OS等起因障害								
バージョンアップ・パッチの適用に関して，正常にアプリケーションが稼動することが確認されている統制である。					アプリとの適合								
ウィルス感染の可能性の高い，OSをサーバとしている場合を除くと，財務報告のリスクは低いと考えられる。					ウィルス障害								
障害の頻度が異常に多くない場合は，障害対応が適切に行われていれば当該リスクは低いと考えられ，記載の省略も可能である。					○		○						
どのような事項を適切な閾値を設定し，管理しているか明確にする。また異常値の認識手続，フォローアップ手続を記載する。					異常検知								
保守点検の範囲および契約概要を記載する。					機器故障防止								
二重化されている機器やその目的を記載する。コンティンジェンシープランとの整合性で，二重化の検討が行われていることが望ましい。					機器故障対策								

NO	リスク	統制上のポイント
C	コンピュータ運用：本番システムが財務報告に適合できるように処理される。	
C5-04	障害に関して，恒久的な解決策を検討し，当該策を導入し，障害が減少しているか。フォローアップしているか。	障害の改善策により，障害が低減していることを，どのように確認しているか。 ・障害の改善策はどのような効果があるか導入前に検討されているか。 ・改善策を導入した後に，当初予定した効果が達成されていることを確認しているか。 ・もし，効果が現れていない場合，改善策が再検討されるか。
C6	システムサービス提供が中断され，企業の業務活動が停止する。	地域の法的要求または継続企業に関わる事項への検討として，災害時に事業が継続できないリスクを検討すべき場合に評価する項目である。
C6-01	経営者は，業務への影響分析を実施しているか。	想定される災害（頻度，影響）が十分に検討されているか。 ・災害が顕在化した場合の影響度が検討されているか。
C6-02	リスクを未然に防止するための対策を導入しているか。	災害が発生してもシステムが維持できるような対策として，地震対策（耐震ビルや転倒防止策の導入），火災対策（消火設備や早期の火災発見策の導入），水害対策（浸水防止，漏水防止策の導入），電源対策（停電防止策の導入）等が行われているか。
C6-03	災害復旧計画が策定されているか。	①災害が発生し，システムがダウンした場合の災害計画が策定されているか。 ・データの外部保管やバックアップセンタの設置などが検討されているか。 ②計画が実行できるように，テストおよび計画の見直しが定期的に行われているか。
D	セキュリティ：プログラムおよびデータへのアクセスが会社の財務報告の目的に適合するように保護される。	
D1	OSレベルでプログラム，データが不正にアクセスされる。	OSレベルでのアクセスコントロールによるプログラム・データへのアクセス制限管理であり，必須の統制である。

4 内部統制報告制度とITの監査

記載上の留意点	IT活動の構成要素（subcomponents）						IT特有リスク（図表4-17を参照）						
	運用管理	バッチ処理	障害管理	バックアップ	問題管理	災害復旧	1	2	3	4	5	6	7
品質向上のため，トラブルの低減が管理されていることが望ましい。					再発防止								
当該事項は，通常財務報告リスクとは直接的には関連しない。					○	／							○
						影響分析							
						災害防止							
						復旧計画							
	セキュリティ	アクセス管理	OS	データ	ネットワーク	物理的	1	2	3	4	5	6	7
	○	○	○			／	○	○	○		○		

NO	リスク	統制上のポイント	
D		セキュリティ：プログラムおよびデータへのアクセスが会社の財務報告の目的に適合するように保護される。	
D1-01	OSレベルでのアクセスできる職務分離（ユーザ/開発/運用）が確保されているか。	①部署/担当者の職務が，ユーザ，開発，運用と分離されているか。 ②特権ID（root, administrator権限等）は，制限されているか。 ・特権IDを与える部署・担当が決まっているか。 ・特権IDを与える人物を可能な限り制限しているか。 ③本番環境にOSレベルで直接アクセスできる担当者のアクセス権限を，どのように管理しているか。 ・本番環境にアクセスできる権限は，どのように区分（特権，R/W/実行など）しているか。 ・各区分は，どのような人（役割・部署）に付与するか，明確になっているか。 ・当該区分は，ユーザ/開発担当/運用担当で区別されているか。	
D1-02	OSのID，パスワード，権限は，適切にアクセスできるように管理されているか（特権ID含む）。	①ID・権限の登録・変更・削除はどのようにメンテナンスしているか。 ・登録・変更依頼書は，誰が承認するか。 ・承認された依頼書に基づいて，誰が登録するか。 ・IDは個人毎に付与されているか。共有IDがあれば，その理由が明確になっているか。 ・現在登録されているIDの利用者一覧は記録されているか。 ②不要なIDや不要な権限がないか，どのように確認しているか。 ・定期的なIDや権限の棚卸が行われているか。 ・新規開発や機器納品時のディフォルトIDは，適切に管理されているか。 ③パスワードは，利用者以外が推測できないように，どのような措置が講じられているか。 ・一定の長さ，使用文字制限が行われているか。 ・定期的変更が行われているか。 ・パスワードを一定回数間違った場合の利用制限があるか。	
D1-03	アクセスログは保存され，必要であればレビューされているか。	アクセスログは，保存され，必要であればレビューされているか。 ・ログが保存されている場合，その対象範囲，保存期間を記載する。 ・レビューを行っているログの対象範囲，レビューの頻度，レビュー方法を記載する。	
D2	DBMSレベルでデータが不正にアクセスされる。	DBMSレベルでのデータベース上のプログラムやデータアクセス権限の管理である。	

❹ 内部統制報告制度とITの監査

記載上の留意点	IT活動の構成要素（subcomponents）						IT特有リスク（図表4-17を参照）						
	セキュリティ	アクセス管理	OS	データ	ネットワーク	物理的	1	2	3	4	5	6	7
各アクセス者の権限が職務分離を考慮して行われる体制があるか，確認する。 ●特権IDは，どのような人物に付与されているか。 ●職務や部署別の標準的な権限の概要を記載する。もし，グループ権限を利用して権限設定を行っている場合は，その概要も記載する。 ・職務分離（開発・運用等）はどのような権限か。 ・ベンダに付与している権限はあるか。 ・ユーザに付与している権限はあるか。	職務分離	アクセス権限	アクセス権限										
アクセス者の本人確認が適切に実施できるための対策を記載する。		アクセス権限	アクセス権限										
D1-01・02は，防止的な機能であるため，当該統制が弱い場合，ログのレビューが必要となる。			ログ管理										
		○	○	○				○	○	○		○	

181

NO	リスク	統制上のポイント
D	セキュリティ：プログラムおよびデータへのアクセスが会社の財務報告の目的に適合するように保護される。	
D2-01	DBMSレベルでのアクセスできる職務分離（ユーザ/開発/運用）が確保されているか。	D1-01参照
D2-02	OSのID，パスワード，権限は，適切にアクセスできるように管理されているか（特権ID含む）。	D1-02参照
D2-03	アクセスログは保存され，必要であればレビューされているか。	D1-03参照
D3	ネットワークからプログラム，データが不正にアクセスされる。	ネットワークに関するセキュリティは，プログラム/データへのアクセスへの影響度を勘案して，検討する。このため，IT基盤概要で，影響度を記載し，統制前のリスクが低いと判断されたネットワークは対象外とすることができる。
D3-01	ユーザは，直接にプログラム，データを変更することはできないように管理されているか。	ユーザによるQueryやコマンドラインなど簡易ツールの利用をどのように制限しているか。
D3-02	内部ネットワークからのアクセスは，特定の場所や端末に限定されているか。	内部ネットワーク（LAN等）からのデータ・プログラムへの直接的なアクセスについて，ドメイン，アクティブディレクトリ，内部FWの設置などにより，LANから直接アクセスできる端末を特定している場合に記載する。
D3-03	インターネットからのアクセスは適切に管理されているか。	インターネットからのアクセスが制限されるように，どのようなセキュリティが構築されているか。 ・ファイアーウォールで通過できるプロトコル，アドレスは限定されているか。 ・DMZで，プログラム・データへのアクセスは制限されているか。 ・アクセス状況は監視されているか。
D3-04	リモートでのアクセスは，適切に管理されているか。	ダイアルアップのリモートアクセスが制限できるように，どのようなセキュリティが構築されているか。 ・外部からアクセスできる場所，人は限定されているか。 ・アクセスする場合の作業内容は，承認されているか。 ・実施した作業実施の結果は確認されているか。

❹ 内部統制報告制度とITの監査

記載上の留意点	IT活動の構成要素（subcomponents）						IT特有リスク（図表4-17を参照）						
	セキュリティ	アクセス管理	OS	データ	ネットワーク	物理的	1	2	3	4	5	6	7
D1-01参照	職務分離	アクセス権限		アクセス権限									
D1-01参照		アクセス権限		アクセス権限									
D1-01参照				ログ管理									
IT基盤でリスクのあるネットワークがないと認識された場合は，記載の省略可能。	○			○	/	/	○	○	○		○		
D1-01・02などの統制で十分であれば，記載する必要はない。					アクセス権限									
D1-01・02などの統制で十分であれば，記載する必要はない。					アクセス権限									
インターネットからアプリケーションシステムにアクセスできる場合に，指定したアプリケーション以外にアクセスできないように制限をしているか。					アクセス権限									
開発ベンダがリモートアクセスで，本番環境にアクセスできる場合は，注意が必要である。					アクセス権限									

NO	リスク	統制上のポイント	
D	セキュリティ：プログラムおよびデータへのアクセスが会社の財務報告の目的に適合するように保護される。		
D3-05	その他ネットワークからのアクセスが適切に管理されているか。	その他，外部から，プログラム・データへ直接にアクセスできる場合は，そのアクセスコントロールを記載する。	
D4	物理的にプログラム，データに不正にアクセスされる。		
D4-01	コンピュータ室への入退室管理が適切に管理されているか。	①コンピュータ室への入室は，どのように制限されているか。 ・常時入室できる人の範囲は明確に決められており，一覧はリストされているか。 ・IDカードの場合，IDカードは承認された申請書に基づいてカード発行が行われているか。 ・鍵で入室を制限している場合，鍵は適切に保管され，使用状況が記録されているか。 ②臨時で入室する人は，責任者が承認した人に限定され，入室者，入室の目的，入退室の時間が記録されているか。	
D4-02	コンソールにアクセスできる人物は限定されているか。	サーバが入室制限による物理的なアクセスが整備できない場合は，サーバに設置されている端末（コンソール）は，どのようにアクセス制限が行われているか。 （例：スクリーンセーバにパスワードを設置，サーバにコンソールを接続していない　など）	
D5	アプリケーションシステムに不適切なアクセスが行われる。	アプリケーションのアクセス管理が共通的に設計されている場合（アクセス方式，ID等のメンテナンスなど）は，ITGCで評価することが妥当な場合があるが，アプリケーションごとに独自のアクセス管理を採用しているのであれば，業務プロセスで評価することが効果的である。	

4 内部統制報告制度とITの監査

記載上の留意点	セキュリティ	アクセス管理	OS	データ	ネットワーク	物理的		1	2	3	4	5	6	7
その他, 外部から, プログラム・データへ直接にアクセスできる場合は, そのアクセスコントロールを記載するが, IT基盤との整合性を考慮する。					アクセス権限									
	○					○	/	○	○	○			○	○
コンピュータ機器へ権限のない物理的なアクセスが行われないよう, どのような入退室管理が行われているか。入室用のIDを利用している場合は, 当該IDの管理(ID発行, 入室区画制限など)の手続も記載する。					アクセス権限									
本番機へのアクセスが端末で制限されている場合やコンソールに関して, 当該端末への物理的なアクセスは制限されているか。 ※アクセスできる端末の識別が適切に行われていることが前提となる。D1の代替的な統制として物理的アクセスを記載する場合は, 非常に重要な統制となるため, 詳細な統制が必要である。					アクセス権限									
業務プロセスで記載すべき事項を明確にしておくことが必要である。	○	○					/	○	○					

NO	リスク	統制上のポイント
D	セキュリティ：プログラムおよびデータへのアクセスが会社の財務報告の目的に適合するように保護される。	
D5-01	アプリケーションのメニューへのアクセスは職務分離（部署間・担当者間の役割／入力者と承認者など）を保証しているか。	①部署／担当者の職務は，内部牽制を機能させるために職務が分離されているか。 ②上記の職分離を有効に運用できるような仕組みが構築されているか。 ・権限設定者は，最小限に限定されているか。 ・職務に対応した権限（メニュー制限）ができるようなシステムであるか。 ・権限は，職務や部署によりグループ化され，権限設定が効果的に実施できるような機能があるか。 ・リスクの高い権限は，特別な承認が必要か。
D5-02	ユーザID，パスワード，権限は，適切にアクセスできるように管理されているか（特権ID含む）。	①ID・権限の登録・変更・削除はどのようにメンテナンスしているか。 ・登録・変更依頼書は，誰が承認するか。 ・承認された依頼書に基づいて，誰が登録するか。 ・IDは個人ごとに付与されているか。共有IDがあれば，その理由やリスクが明確になっているか。 ・現在登録されているIDの利用者一覧は記録されているか。 ②不要なIDや不要な権限がないか，どのように確認（ID・権限の棚卸）しているか。 ③パスワードは，利用者以外が推測できないように，どのような措置が講じられているか。 ・一定の長さ，使用文字制限が行われているか。 ・定期的変更が行われているか。 ・パスワードを一定回数違った場合の利用制限があるか。
D5-03	アクセスログは保存され，必要であればレビューされているか。	アクセスログは，保存され，必要であればレビューされているか。 ・ログが保存されている場合，その対象範囲，保存期間を記載する。 ・レビューを行っているログの対象範囲，レビューの頻度，レビュー方法を記載する。
E	外部委託に関する契約の管理を行っている。（全社統制に含めてもよい）	
E1	契約先や契約内容が不適切で，要求される品質が提供されない。	提供されているサービスが適切に把握されていないと，自社で管理すべき事項や統制活動に漏れが生じる可能性がある。
E1-01	外部委託業者の選定は，品質や当社の条件を適切に満たすことを確認しているか。	①委託先の選定時に，一定レベルの品質を確保できるような選定基準・評価項目があるか。 ②委託先の決定に関する承認は行われているか。

❹ 内部統制報告制度とITの監査

記載上の留意点	IT活動の構成要素（subcomponents）							IT特有リスク（図表4-17を参照）						
	セキュリティ	アクセス管理	OS	データ	ネットワーク	物理的		1	2	3	4	5	6	7
	職務分離	アクセス権限												
		アクセス権限												
		ログ管理												
要求事項は，比較的ハイレベルであり，全社的な内部統制に含めることが妥当であるかもしれない。	業者選定	契約	品質管理					1	2	3	4	5	6	7
	○	○						○	○	○	○	○	○	○
		業者選定												

187

NO	リスク	統制上のポイント	
E	外部委託に関する契約の管理を行っている。（全社統制に含めてもよい）		
E1-02	提供されるサービスは定義され，当社と受託会社との役割および責任が明確になっているか。	①委託する場合に，当社と受託会社との役割・責任が明確になっているか。 ・役割・責任として，業務内容，範囲，予算，責任分担，体制等が明確になっているか。 ②委託業務・受託会社は，一覧表などで記録されているか。	
E1-03	外部委託先の重要度に基づいて，契約時に締結すべき事項が明確になっているか。 （契約書，SLA：サービスレベル・アグリーメント）	①契約条項は明確になっているか。 ②SLAは，締結されているか。 ・SLAを締結する委託業務の範囲は，明確になっているか。 ・SLAに記載すべき項目は明確になっているか。	
E2	外部委託先が要求した品質を維持できていない。	外部委託を提供している受託会社の品質にプログラムやオペレーションなどが依拠している場合，当該品質は，他のドメインの品質に影響する。	
E2-01	外部委託業者の活動状況を入手し，レビュー（サービスレベルとの差異など）しているか。	①外部委託先から，定期的に実施状況の報告を受けているか。 ・報告内容には，サービスレベルが維持されていることがわかるような項目が含まれているか。 ・報告時の出席者は誰か。 ②報告結果のうち，重要な報告は，IT担当役員に報告されるか。 ・IT担当役員に報告する事項は明確であるか。	
E2-02	外部委託業者（アウトソーシングの場合）が構築および運用してる統制活動を定期的に点検および確認しているか。	①外部委託先への定期的な点検や監査は実施されているか。	
E2-03	内部統制評価において，受託会社に依拠している業務や統制活動があるか，どうかの判定を行っているか。	①委託業務の内部統制評価を行う必要があるかについて明確にしているか。	

4 内部統制報告制度とITの監査

記載上の留意点	IT活動の構成要素（subcomponents）							IT特有リスク(図表4-17を参照)						
	業者選定	契約	品質管理					1	2	3	4	5	6	7
要求事項は，比較的ハイレベルであり，全社的な内部統制に含めることが妥当であるかもしれない。														
		契約締結												
		SLA												
受託会社の業務の品質を自社で管理している場合は，記載の省略可能。			○	/	/	/		○	○	○	○	○	○	○
			品質管理											
			品質監視											
IT基盤で判断している場合は，IT基盤で判断しているとの記述でよい。（記載不要でも実質的に問題ない）			品質評価											

図表 4-17　ITに固有のリスク

	ITによって提出された内部統制への固有のリスク	（日本公認会計士協会監査基準委員会報告第29号57項）内部統制にもたらすIT特有のリスク	開発	変更	運用	セキュリティ
1	データの不正確な処理，不正確なデータの処理，または両方の可能性のあるシステム・プログラムへの依拠	不正確なデータを正しいと信じてそのまま処理してしまう，正確なデータであっても誤った処理をしてしまう，またはその両方を行ってしまうというシステムもしくはプログラムの信頼性の問題	プログラムの正確性 移行データの正確性	プログラム変更の正確性	処理の正確性・網羅性	
2	データ破壊や不適切なデータ変更（未承認・架空の取引記録，不正確な取引記録を含む）の結果を生じさせる可能性のある未承認のデータへのアクセス	・適切な権限を有する者以外のアクセス：これにより，データの破壊や，承認されていない，実在しないまたは不正確な取引を記録するといったデータの改ざんにつながる可能性がある。複数の利用者が共通のデータベースにアクセスするような場合にこのようなリスクが高まる。 ・職務の分離によって割当てられた権限を越えるアクセス権を有しているIT担当者が存在する可能性。				データへのアクセス
3	未承認のマスタファイル内の情報の変更	マスター・ファイル内の情報の権限外の変更		パラメータ変更の正当性	データ修正の正当性	マスタ変更画面のアクセス
4	未承認のシステム・プログラムへの変更	システムまたはプログラムの権限外の変更		プログラム変更の正当性		プログラムへのアクセス
5	必要なシステム・プログラム変更の失敗	システムまたはプログラムへの必要な変更の失敗	プログラムの網羅性	プログラム変更の網羅性		
6	不適切な手作業の介在（人為的な操作）	不適切な手作業の介在			手作業ジョブの正当性	実行・データへのアクセス
7	データの潜在的な損失	データの消失または必要な情報へのアクセス不能			データのバックアップ	物理的な破壊対策

5. IT業務処理統制（ITAC）の評価の実務

(1) ITACの類型

　IT統制ガイダンスでは，経営者が，企業の財務報告の信頼性を確保することに関連するIT業務処理統制を理解するにあたっては，ITに関連する統制活動を次のように分類する。

① アプリケーション・システムに組み込まれた統制活動（自動化された統制活動）
② 手作業とITが一体となって機能する統制活動（ITによる情報を使用した手作業による統制活動：たとえば売掛金システムより出力された売掛金年齢調べ表による業務処理統制の欠陥の発見あるいは売掛金の回収可能性の評価等）

　経営者は，IT業務処理統制を評価するにあたって，ITが導入された各業務プロセスの内容を理解するとともに，ITの統制目標と適切な財務情報を作成するための評価要件（以下「アサーション」という）を関連づけながら，統制活動と監視活動の整備・運用状況を理解し，評価する。業務処理統制に関しては，業務プロセスにおいて適用されている活動が，手作業によるものであれITを利用したものであれ，一体として実施されていることを，経営者がウォークスルー（財務報告に係る取引の開始から財務諸表の作成までを追跡すること）により理解することが有用であるとしている。なお，ITの統制目標と財務諸表のアサーションとの関係については，❷の**図表2-17**で図示している。

(2) ITACを実現する機能（例）

　日本公認会計士協会「IT委員会研究報告第31号」によれば，プログラムにより自動化された内部統制を検証する目的は，当該統制が正しく機能していることおよびその手続が効果的に実施されていることを確かめることであるとしている。ITACを実現するプログラムの機能は以下のとおり類型化される。

1) エディット・バリデーション・チェック

　入力内容が，入力を予定している内容と一致しているかどうかをチェックする機能をいい，具体的には，入力項目として金額を数字で入れるべきところに文字を入れた場合にエラーとするなどのフォーマット・チェック，入力必須項目にデータが入力されていないときにエラーとする必須項目チェック，仕訳データの貸借のバランスなどをチェックするバランス・チェック，値の上限値や下限値をチェックするリミット・チェックなどの方法がある。

2) マッチング

　入力内容が，マスタ・データ等のあらかじめ参照するデータに記録されているかどうか確かめる機能をいい，たとえば，得意先コードを入力するときに，システムに登録されている得意先マスタのコードを参照して，マスタ登録されていないコードが登録されようとした場合にはエラーとするなどである。

3) コントロール・トータル・チェック

　情報の処理過程において受入情報の数値項目等の合計を出力情報と照合する機能をいい，たとえば，データを入力するときに入力データの合計額を計算してその値も登録しておき，処理後の出力データの合計額と比較して一致しなければエラーリストを出すなどの方法がこれにあたる。

4）アクセス・コントロール

パスワード等により，権限者とそうでない者を区分・承認する機能をいい，たとえば，端末自体に使用できるアプリケーションの権限を与えておき，端末にパスワードを設定する，またはアプリケーションレベルでユーザIDごとに使用できる機能の権限を設定しておき，アクセスはユーザごとのパスワードで管理するなどの方法がある。

(3) システム上の機能について検証する手続の例（ITACの検証手続（例））

日本公認会計士協会「IT委員会研究報告第31号」によれば，システム上の機能について検証する手続が以下のとおり例示されている。

1）プログラムのレビュー

実現可能であれば効果的な手続が，当該プログラムにより自動化された内部統制に関するプログラムをレビューすることであり，技術的，時間的制約があるため，必要に応じて実施することになる。プログラムのレビューを期中に実施した場合，実施時から期末までの期間変更されていないことが合理的に検証できれば，期末に再びレビューを実施する必要はなくなる。

2）サンプル・テストによる検証

一定数のサンプルについて，当該統制に依拠しようとする期間にわたって統制をテストすることにより検証できる。たとえば，請求書の価格と承認された売上価格一覧表について照合する方法である。

3）例外処理レポートのフォローアップ

プログラムにより自動化された内部統制が正しく機能していることは，チェック機能が働き例外処理等を抽出した場合の，当該出力内容に関するフォローアップ状況の検証で確かめることができる。たとえば，売上値引が売上

高別にセットされた値引率によって計算されていない場合に，当該取引が例外レポートとして出力され，適切に内容の検討，承認が実施されているかどうかを検証することである。

4) データ・ファイル・アクセスについての統制
　プログラムにより自動化された内部統制が正しく機能していても，チェックされたデータについて簡単に変更が加えられる可能性があっては意味がなく，そのため，データが適切なアクセス管理の下に運用されていることを確かめる必要がある。

5) コンピュータ利用監査技法（CAAT）
　たとえば，インターフェースのエディット・バリデーション・チェックが適切に組み込まれており，それが有効に機能しているかどうかの検証を行うために，一般的には次のような手続を行うことになる。

- 仕様書上で組み込まれているチェックの内容を確かめる。
- 当該チェック内容の適切性，十分性を検討する。
- 当該チェックが実際に機能していることを検証する。

　しかしながら，チェックが実際に機能していることを検証する手続は，実務的にはきわめて困難なことが一般的である。これを直接検証しようとすれば，エラーとなるはずのデータを含んだテスト・データを実際に処理させることになり，このテスト・データの処理が本番環境システムに影響を与えないようにすることは非常に困難なためである。この手続は，たとえば，実際に稼働しているシステムとは別に，同様のテスト環境が用意できるのであれば，実施可能となる。
　したがって，このような直接的な検証ができない場合の代替的方法として，次のような手続が考えられる。

4 内部統制報告制度とITの監査

- 当該チェックのソース・プログラムのレビュー
- 新規開発や大きな変更が行われたシステムについて，開発時のテスト計画，本番移行直前のテスト結果のレビュー
- 稼働中のシステムについて，実際に出力されているエラーリスト，プルーフ・リストのレビュー
- 稼働中のシステムについて，インターフェース元の帳票と関連するインターフェース先の帳票の照合

これらは，間接的・代替的な方法であるため，きわめて重要なチェック項目で直接的な検証が必要な場合には，CAATの実施を考慮する必要がある。すなわち，インターフェース元およびインターフェース先の実際のデータを使用して，必要なエディット・バリデーション・チェックを組み込んだ検査プログラムにより，エラー・データがないこと，およびエラー・データが存在した場合にはインターフェース時にエラーとして処理されていることを検証することになる。CAATの詳細については，❸で説明している。

5 ERPの監査の概説

1. ERPの監査における全般的留意事項

　ITを利用した業務プロセスは，多様なハードウェア，オペレーティング・システム，データベース管理システムおよび通信ネットワーク・プロトコルといったIT基盤のうえの構築されており，したがってIT基盤の各構成要素における実装技術および統制機能の品質の多様性あるいは技術革新の影響を受けるものである。すなわち，ITを利用した高品質でかつ安定した内部統制（ITGCおよびITAC）の仕組みを整備・運用するには，各IT基盤におけるさまざまな実装技術に関する知識が必要であり，またシステム構成の変更や技術革新に対する頻繁な対処が不可欠となる。

　経営資源の活用の最適化を指向するERP（Enterprise Resource Planning）は，業務処理や統制の標準化を目的とするものであるが，そのためにも，各企業に固有のIT基盤と標準化された業務プロセス層との間にERPのミドルウェア層をおいて，IT基盤に依存しない安定したIT統制環境を提供するものである。

　❶で議論したとおり，多くのわが国の企業は，ERPを導入したものの，既存のオペレーション（それも，製品ライン間，部門間，あるいは拠点間で標準化されていないオペレーション）に合わせるかたちでERPを大幅にモディファイないしアド・オンした結果，ERP導入の本来目的であったBPRとはかけ離れたものになったことは周知の事実である。一方，内部統制の観点でも，ERPパッケージが標準実装する統制を無効化した結果，ITACおよびITGCにおいて逆に非標準的な統制を付加する必要が生じたばかりか，業務プロセス層がIT基盤の脆弱性の影響を受けることになり，これらへの対処も必要となった。つまり，モディファイないしアド・オンしたERPを使用することが，内部統制および監査上のリスクを増大させるものである。

　また，ERPといっても仕様はさまざまであり，統制のデザインあるいは

強弱も多様であり，ユーザ・マニュアルはあっても，そのシステムの仕様が明確にされていない場合もあることも，ERPの内部統制および監査におけるもう1つの留意点といえる。

本章では，代表的なERPであるSAP（Systems, Applications, Products in Data Processing）を題材に，標準パッケージであるERP固有のリスクとシステムのカスタマイズ，モディフィケーションあるいはアド・オンにともなうリスクに着目することを目的として，セキュリティ・コントロールを中心にSAPの標準化されたコントロールについてウォークスルーする。

> **参考**
>
> ## ERPシステムが利用されている際のリスク評価手続およびリスク対応手続における留意点
>
> 日本公認会計士協会「IT委員会研究報告第31号」によれば，ERPシステムに関して，以下のとおり監査上の主な留意点を例示している。
>
> **1）業務処理統制の観点**
> - 企業が使用しているパッケージの種類と特徴を理解する必要がある。ERPシステムには，高度にシステム化された統制が織り込まれているものから，統制があまり考慮されていないものまで多種多様なものがあり，このため，監査人は，そのERPシステムに組み込まれている統制を把握することが必要となる。ERPシステムの場合には，ユーザマニュアルがあってもそのシステムの仕様の説明が明確でない場合があり，こうした場合には，ERPシステムの開発・販売企業に監査人が直接質問をすることが可能ならば，必要な設定について質問を行う，実際にあるべき内部統制を想定して，ユーザの使用する画面を実際に試行しながら検証するなどの手続をとることになる。
> - ERPシステムには，上述のとおり内部統制に関して，通常システム化された機能が組み込まれているが，企業がERPシステムに組み込まれたそれら

の機能を，その設計時の想定したデザインどおりに利用していない可能性もある。たとえば，入出庫データの入力に関して，デザイン上取引の発生と同時に入力することで，物や金の動きとデータを一致させて企業の経営資源の動きを瞬時に把握して適正な経営資源の配分を実現するという目的で設計されたシステムを，出庫は出庫時に順次入力する一方，入庫を週次で入力しているような場合などでは，在庫がマイナス残高で出庫されるといったリスクがERPパッケージでも存在する。

- ERPシステムでは，1つの取引に対して1回の入力で販売・購買といった業務のデータも会計データも同時に作成される仕組みとなっていることが本来の姿である。このため，たとえば，残高をもたない設計のERPパッケージを使用すると，取引が発生する都度リアルタイムで会計データも書き換えられるため，棚卸時の在庫データを別途保管しておかないと随時会計データが変動することになるなど，ある一定時点の残高の管理がどのように行われるかを監査人として理解することが必要となる。また，業務の取引データがリアルタイムで会計データに反映されることを原則とするということは，会計システムと連携する業務システムのデータインプットの正当性，網羅性，正確性などの確保の検証を行うことになり，この際に自動仕訳がどのように生成されているか，貸借の一致のコントロールはどのようになされているかについても留意する必要がある。

- ERPシステムを利用している場合であっても，そのパッケージにあわせて業務手続が変更されずに，従来どおりの業務に合わせた別システムから会計データをERPシステムに転送するなどの処理が行われていることがある。この際に，外部システムの処理データと転送処理後のERPデータとの間で差異が発生するリスクがあるため，企業が当該リスクに対してどのような統制がデザインされているかを把握する必要がある。

2）全般統制の観点

- ERPシステムにおいては，パッケージ化された標準機能に対して企業の業務に応じて数値等による設定を行うことがある（いわゆるパラメータ設定）。

この場合全般統制の観点では，パラメータ設定に関して，企業の業務に適合したものとなるよう，テスト，承認，事後検証等の管理手続がとられているかを検証することが重要となる。
- ERPシステムにおいても，その標準機能では企業の業務に十分に対応できないような場合には，追加開発として独自の仕様をERPシステムに付加することがある。このような追加開発に関しては，自社開発のアプリケーション・システムに関する全般統制の検証手続と同様の手続が適用されることとなる。

2. SAP ERPの業務処理統制の特徴

(1) SAP ERPのシステムのワークフロー概観

図表5-1は，SAPのワークフローの概観を図示したものであり，「人」「物」「金」に関する「情報」をリアルタイムに統合・最適化するためのERPのコンセプトを表現している。

(2) SAP ERPにおける業務処理統制の特徴

「人」「物」「金」に関する情報の一元管理のためにSAPがもつ機能・仕組上の特徴は以下のとおり要約される。

- 固有の広範かつ柔軟なアクセス権限設定（部門を跨ぐ情報へのアクセス）
- 業務プロセスが，IT基盤に対するITテクノロジの影響を極力排除すべく柔軟で安定的なミドルウェアを提供
- 情報の正当性，完全性，正確性および維持継続性といったITの情報統制目標を担保するための標準的な統制機能をあらかじめ実装（統制設計の柔軟性）

図表5-1　SAPワークフロー統合の概観

出所：PwC資料。

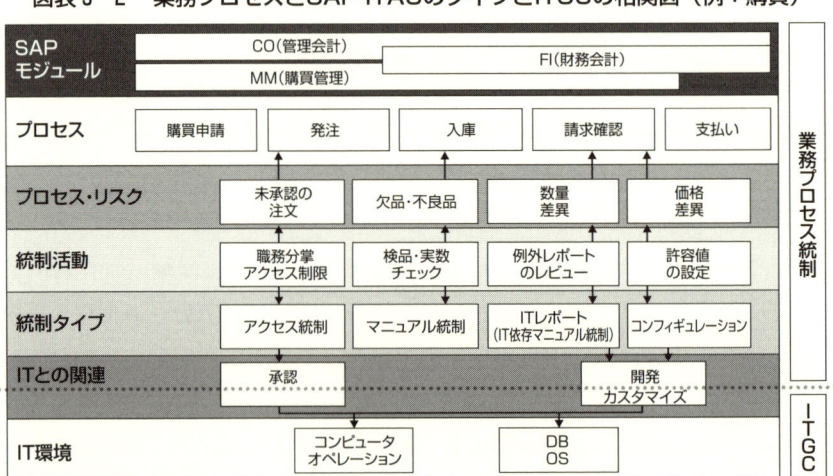

図表5-2　業務プロセスとSAP ITACのタイプとITGCの相関図（例：購買）

SAPモジュール	CO（管理会計） / MM（購買管理） / FI（財務会計）				
プロセス	購買申請	発注	入庫	請求確認	支払い
プロセス・リスク	未承認の注文	欠品・不良品		数量差異	価格差異
統制活動	職務分掌アクセス制限	検品・実数チェック		例外レポートのレビュー	許容値の設定
統制タイプ	アクセス統制	マニュアル統制		ITレポート（IT依存マニュアル統制）	コンフィギュレーション
ITとの関連	承認				開発 カスタマイズ
IT環境	コンピュータオペレーション		DB OS		

業務プロセス統制 / ITGC

出所：PwC資料。

202

- 上記の柔軟性は，その理解・運用を誤ると逆にIT統制のリスクを増大させ，あるいはオーバーコントロールによる業務の効率性を阻害

　SAP環境では，有効な統制環境を実現するために，各企業は4種類のコントロール，すなわちSAP固有のコントロール（Inherent Controls），設定可能なコントロール（Configurable Controls），アプリケーション・セキュリティ，およびSAP出力レポートに基づくマニュアル・レビューを組みあわせて統制を設計することになる。

　通常，アクセス・コントロールおよび設定可能なコントロールは，SAPシステム上で相互補完的に実装され，防止的統制として機能する。一方でSAPから出力可能なレポートに基づくマニュアル・コントロールは，従業員による手作業の統制であり発見的統制として機能する。各企業では，固有のコントロール目標を達成するために，これらの各コントロールを組みあわせて統制デザインを設計することになる（**図表5-2**）。

(3) SAP ERPにおける業務処理統制の概要（統制タイプ別）

　SAPにおける各コンポーネント・プロセスにおける業務処理統制について，下記に統制タイプ別の代表的なコントロールを例示する。

1) SAPシステム固有のコントロール（Inherent Controls）
① 貸借バランスのチェック
　作成した会計伝票がSAPシステムにポスティング（投入）される前段階で貸借の一致を確認する統制

② コンピュータ・ファイル・マッチング
　たとえば販売プロセスにおいて，サブ・プロセスである受注登録，出荷指図，ピッキング指図，出庫確認，請求処理および入金処理のデータの流れを，ロジスティックス伝票および会計伝票上で，初動の受注登録時の入力情報を

受注伝票番号をキーにして後工程に自動的に引き継ぎ，後工程での入力ミスを極小化する統制

③ 入力データ形式のバリデーション・チェック

　SAP ERP上で扱うすべてのデータ項目の属性（数値，文字，日付，数量単位，通貨等）は，ABAP（SAPのプログラミング言語）ディクショナリ上で一元管理され，入力されたデータは該当項目の属性要件を満たしているか否かを自動チェックし入力ミスを極小化する統制

2）設定可能なコントロール（Configurable Controls）
① 伝票タイプによるコントロール

　たとえば販売管理プロセスにおいて，受注伝票タイプの定義をカスタマイジングすることができる。受注伝票タイプの設定にあたり，伝票番号の採番のルール，請求処理・返金処理の有無（無償出荷，預託品等），伝票処理の自動ブロック，あるいは指定納期登録等をカスタマイジングによって設定・変更することにより，各種の取引タイプに応じた統制活動をテーラー・メイドで組み込むことができる。

② マスタ/自動価格計算による個別取引の自動承認

　たとえば販売管理プロセスにおいて，得意先との約定に基づく販売条件をSAPシステムの固有のマスタである"得意先マスタ"，"品目マスタ"および"条件マスタ"（販売価格，値引き，消費税率，運賃等の販売価格決定のための諸要素を記録）と"カスタマイズ・パラメータ"（「価格決定表」として価格計算ロジックを記録）に登録・一括承認することにより個別取引の承認プロセスを自動化することができる。なお，カスタマイジングによって，自動計算結果への変更の絶対的禁止，あるいは一定の許容値の設定，エラー・レポートの出力，変更ログの記録等のコントロールをカスタマイズすることができる。

③ 自動会計仕訳

コンピュータ・ファイル・マッチングによって，SAPでは特定のサブ・プロセスの処理段階で自動的に会計伝票の起票が行われる。たとえば，販売管理プロセスにおいて出庫確認，請求処理および入金処理が実行されると，勘定設定を行うプログラムが自動的に起動されるが，当該サブ・プロセスが帰属する「会社コード」「プラント」，「品目」および処理中の「トランザクション・コード」に基づいて，それぞれ「勘定コード表」，「評価グループ」，「評価クラス」および「内部処理キーおよび勘定修正キー」が特定され，そして「勘定決定表」を検索して同一データの組合せをもつレコードに記録された勘定コードを使用して会計仕訳が自動起票されることになる。

3) SAPレポート（モニタリング支援ツール）によるマニュアル・レビュー
① 業務分析システム

SAPには，ロジスティックス，会計および人事等のグループ別に内部統制のモニタリングに有用な典型的・定形的な業務パフォーマンス情報の分析レポートがセットされている。

② 監査情報システム（AIS: Audit Information System）

SAPには，業務監査，システム監査，会計・税務監査および財務・資金監査を支援する1,000本以上のレポート・プログラムがセットされている。

③ 伝票の登録変更ログ

SAPでは，伝票登録すると登録日と登録者のユーザIDが伝票ヘッダ部に自動記録され，この情報を変更・削除することはできない。また，ポスティング済み伝票への変更は，「何時」「誰が」「どの項目内容」を「どのように変更したか」を変更ログとして記録される仕組みとなっている。

3. SAP ERPの全般統制の特徴（アクセス・コントロール）

　SAP ERPの1つの特徴であるが，SAP固有の複雑な承認コンセプト（セキュリティ・デザイン）を理由として，ユーザに対して不必要な，あるいは不適切な取引承認権限が付与されるリスクがある。SAP ERPにおけるセキュリティ設定とコントロールが複雑であることをまず理解することが，企業がコントロールをデザインする際に，あるいは監査人が監査を実施するうえで重要である。このため，当節では，SAP ERPの全般統制のうち，アクセス・コントロールに焦点を当てて解説を試みる。

(1) 権限プロファイルの構造上の特徴

　多くの伝統的なアプリケーション・システムにおいてはメニュー機能によるアクセス制限が行われるが，SAPにおいては同一のユーザに多数の異なる取引の同一のファンクションがアサインされ，処理するケースを想定し，別の次元でのアクセス制限のコンセプトによる統制が仕組まれている。つまり，SAPにおいては，権限を各取引に紐づけて設定するのではなく，ビジネス・オブジェクトと紐づけて設定され，そして当該オブジェクトの担当者のプロファイルと紐づけられる構造となっている（**図表5－3および5－4を参照**）。

(2) 権限プロファイル/ロールによるユーザ・アクセス制限の構造

　プロファイル（権限プロファイル）は各取引ではなくビジネス・オブジェクトと紐づけて設定されるが，権限オブジェクトの最小単位は，トランザクション・コード（識別ID　S_TCODE），プリンタ（識別ID：S_SPO_DEV），画面情報（識別ID：S_GUI）等である。SAPでは，権限オブジェクトは，その構成項目（Field）であるアクティビティ（作成，表示等）やコ

図表5－3　権限オブジェクトと取引との関係

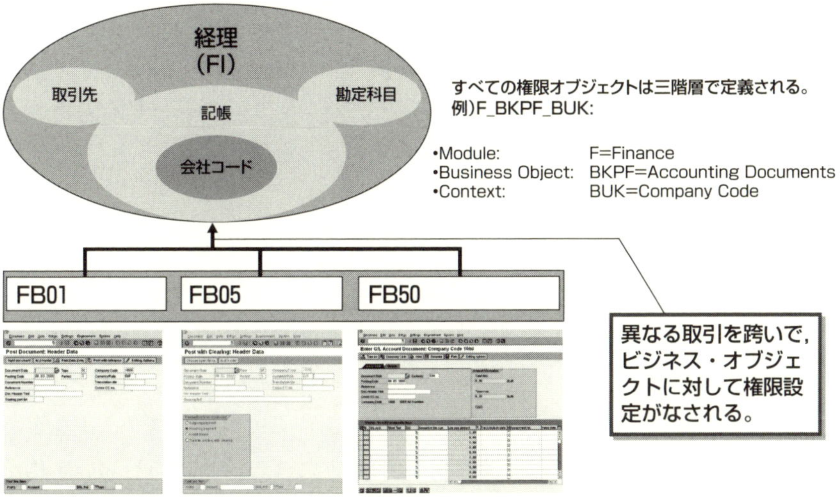
経理
(FI)
取引先
勘定科目
記帳
会社コード
すべての権限オブジェクトは三階層で定義される。
例)F_BKPF_BUK:
•Module:　F=Finance
•Business Object:　BKPF=Accounting Documents
•Context:　BUK=Company Code
FB01
FB05
FB50
異なる取引を跨いで，ビジネス・オブジェクトに対して権限設定がなされる。

出所：PwC資料。

図表5－4　権限オブジェクトとビジネス・オブジェクトとの関係

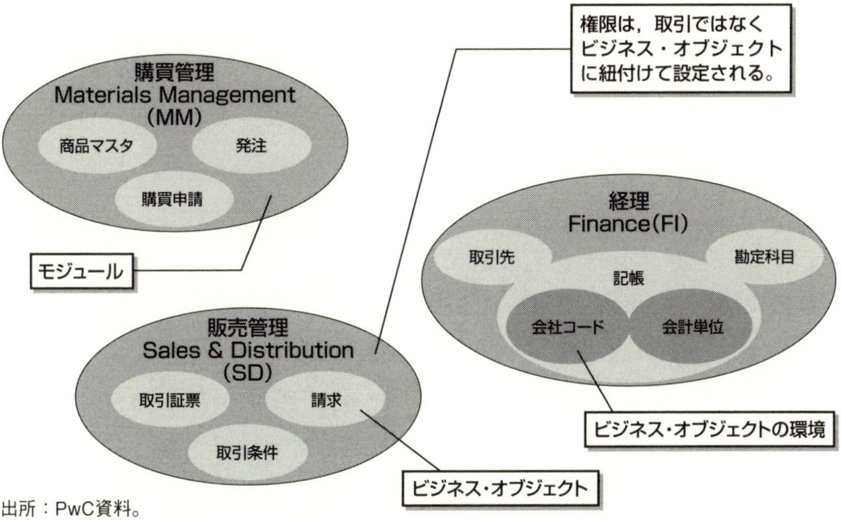
権限は，取引ではなくビジネス・オブジェクトに紐付けて設定される。
購買管理
Materials Management
(MM)
商品マスタ
発注
購買申請
モジュール
経理
Finance(FI)
取引先
勘定科目
記帳
会社コード
会計単位
販売管理
Sales & Distribution
(SD)
取引証票
請求
取引条件
ビジネス・オブジェクトの環境
ビジネス・オブジェクト

出所：PwC資料。

ンテキスト（会社コード等）を含めて定義される。トランザクション・コードはマスタ，伝票の種類とアクセスの種類（「登録」「変更」「照会」等）と紐づけて権限設定されるが，これらも権限オブジェクトの構成項目（Field）であり，それらはField Valueとしてプロファイル上に定義される。トランザクション・コードの末尾番号は一般的に「1＝登録」「2＝変更」「3＝照会」として設定される。

　ユーザIDに対するアクセス権限の付与は，SAPのプロファイル・ジェネレーター（図表5-5）を用いて，「権限プロファイル（1つもしくは複数のトランザクション・コードを割り当てたもの）」を付与するか，あるいは「権限ロール」を付与するかいずれかの方法で行われる。

　ロールは，実際の業務の職責・職掌に対応させて複数のプロファイルを割り当てることで定義されるが，職責・職掌内容に合わせた識別し易い名称を付すことが可能である。プロファイル名がシステム上で自動生成された名称コードで表現されるものであり，どの業務に対する権限設定されたものかが

図表5-5　権限オブジェクトに基づく権限プロファイル/ロールの設定とユーザIDとの紐づけ

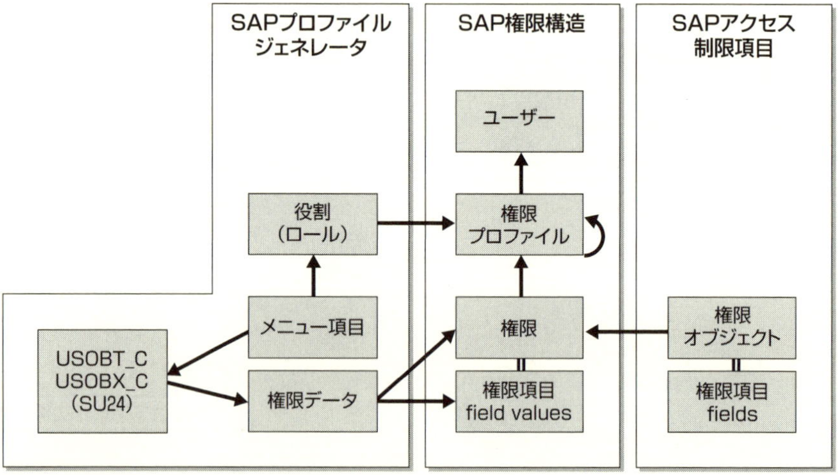

出所：PwC資料。

識別し難いことから，プロファイルとユーザIDを紐づけるよりも，プロファイルをいったん束ねてロールを作成したうえで，ロールとユーザIDと紐づける方法を採用することが推奨される。

SAPではあらかじめ定義されたロールの標準テンプレートが多数用意されており，これを利用して自社にあったロールを定義することができる。この標準ロールでは，ワイルドカード"*"を使ってトランザクションを指定している場合があるが，ワイルドカードを用いた定義を行わないようにすることが統制上の観点から望ましい。

(3) ユーザ・アクセス・コントロールのシステム・ロジック

SAPシステム上で，アクセス・コントロールは「識別」⇒「認証」⇒「許可」の3つのステップで実行される。

① 識別

本人確認手続である。ログオン・ユーザが自己のIDとパスワードを入力すると，システムはユーザIDとパスワードが「ユーザ・マスタ」に登録された内容との一致を確認し，一致する場合にはメニューを端末画面に表示する。

② 認証

ユーザは表示されたメニュー画面から実行するトランザクション・コードを指定しプログラムの実行を依頼すると，システムは当該トランザクション・コードの実行権限の有無をチェックし，権限がある場合にはプログラムを実行する。

③ 許可

ユーザは認証後に表示された画面上で，必要なデータ（得意先や品目等）を入力すると，入力データを受け取ったプログラムが，当該ユーザがその対象データに対するアクセス権限をもっているか否かをチェックする。プログ

ラム自身が，ABAPの"Authority Check"の開始を命令し，データへのアクセスの可否を決定する。

(4) 職務分掌（SOD：Segregation of Duty）のコントロール

さまざまな職務権限を同一の担当者に集中しないというのが統制活動の基本要素である職務分掌であり，一般的に取引承認，取引記帳，資産管理の各職務にアサインする担当者を分離・分掌するというのが基本である。運用中のシステムにおいて職務分掌の問題つまり権限のコンフリクトを特定するには，権限のコンフリクトを定義し，当該定義に該当するユーザIDを特定する必要があり，通常多大な工数を要する作業となる。

前述のとおり，SAP ERPでは，権限設定は取引別ではなく，ビジネス・オブジェクトに対応して権限が設定され，またその権限プロファイルがロール単位に束ねられることから，その複雑性から権限コンフリクトの確認には通常相当の工数を要する。

SAPはこの問題を解決するためのツールとして"バーサ・コンプライアンス・キャリブレータ（Virsa Compliance Calibrator）"を提供している。当該ツールによって，あらかじめ定義されたコンフリクトに関する"ルール・ライブラリ"に基づくリスク分析レポートの出力とワークフローを利用した改善担当者への指示，人事異動等による追加発生リスクの予備的検討と事後的発見が可能となる。

(5) 特権ユーザ（SAPシステム標準ユーザ）のコントロール

下記のユーザIDは，SAP上であらかじめ用意されている標準ユーザであり，特権ユーザに該当し，厳格な管理が要求される。標準ユーザの概要と推奨される対応策は以下のとおりである。

① SAP＊（サップスター）

ハード・コーディングされて存在する全権ユーザ（SAP_ALLの高権限プ

ロファイルを付与されている）である。クライアント・コード000,001およびこれらのコピー・クライアントに存在する（デフォルト・パスワードは06071992）。ユーザ・テーブルに同名のIDを登録するとハード・コーディングされたIDは無効化され、任意のパスワードが設定可能となる。デリートすると他の問題を引き起こすことからデリートは禁止されている。またSAP＊を組み込んだ自動ログインのアドオン・プログラムを禁止することが推奨される。

② DDIC（ディーディック）

　ABAPディクショナリおよびソフトウェア・ロジスティックスの全権ユーザである（デフォルト・パスワードは19920706）。クライアント・コード000,001およびこれらのコピー・クライアントに存在する。デフォルト・パスワードの変更が推奨される。

③ SAPCPIC（サップシーピック）

　システム間，プログラム間の通信ユーザ。クライアント・コード000,001およびこれらのコピー・クライアントに存在する（デフォルト・パスワードはADMIN）。デフォルト・パスワードの変更が推奨される。

④ EARLYWATCH（アーリーウォッチ）

　本稼働開始前のSAP社の診断サービス（アーリーウォッチ）で使用するユーザである（デフォルト・パスワードはSUPPORT）。クライアント・コード066に存在する。通常時におけるこのIDのロックとデフォルト・パスワードの変更が推奨される。

　この他，SAPが管理するユーザID以外にも，OS/DBMSの管理者がハウス・キーピング作業用に利用するユーザIDや，SAP ERPからOS/DBMSにアクセスするために利用するユーザIDについても厳重な管理が必要である。

(6) ログオン・ルートとコントロール

SAP ERPへのアクセス・パス（Access Path）としては，**図表5-6**に図示したとおり，SAPGUIを介してのログオン，シングル・サインオンを介してのログオン，SAPエンタープライズ・ポータル（EP）からのログオン，

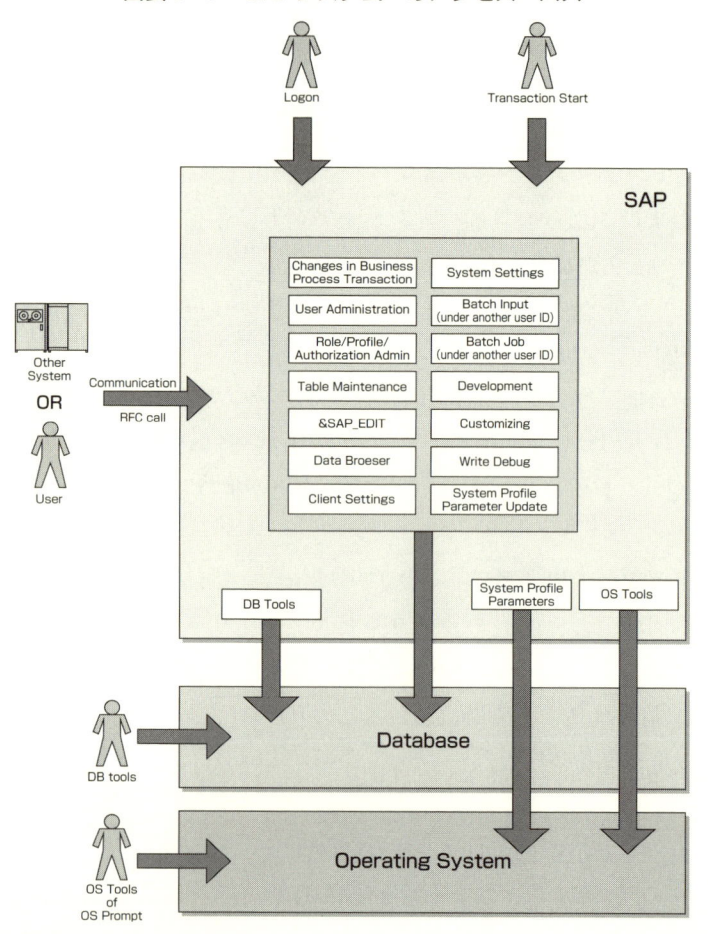

図表5-6　SAPシステムへのアクセス・パス

出所：PwC資料

❺ ERPの監査の概説

(9)で後述するコミュニケーション・ユーザ，システム内通信あるいはバックグラウンド処理の為のシステム・ユーザによるアクセス，OSやDBMSのプラットフォームからのアクセス等さまざまであり，それぞれのパスに内在するリスクを識別してコントロールを設計する必要がある。

(7) セキュリティ・プロファイル・パラメータによるコントロール

SAP ERPでは，プロファイル・パラメータの設定によって，ログイン・パスワードや端末操作に関するセキュリティの強度をコントロールすることができる。図表5-7において，セキュリティに関する代表的なプロファイル・パラメータを例示し，デフォルト設定と推奨値を記載している。

図表5-7　セキュリティに関するプロファイル・パラメータの例示

パラメータ	パラメータ名	標準	推奨
パスワードの最小文字数	login/min_password_lng	3	6
パスワードの失効期限	login/password_expiration_time	0	30 - 90
ユーザIDをロックアウトする連続ログオン失敗回数	login/fails_to_user_lock	12	6
ロックされたユーザIDを同日深夜に自動解除する	login/failed_user_auto_unlock	0(有効)	1(無効)
テーブルのメンテナンス・ログの取得	rec/client	OFF	ALL
Remote Function Callsにおける権限チェック	auth/rfc_authority_check	1(有効)	

出所：PwC資料。

(8) 高権限プロファイルのコントロール

SAP ERPでは，あらかじめ以下の高権限プロファイルが設定されている。

① "SAP_ALL"
すべてのトランザクションの実行およびデータを登録，変更，削除する権限をもつプロファイル

② "SAP_NEW"
新規リリースあるいはアップグレード時にすべての新しい機能にアクセスする権限をもつプロファイル

"SAP_ALL"が付与されるユーザIDは，システム・アドミ担当者に限定しなければならない。また"SAP_NEW"はシステム・アップグレード時に全ユーザに一時的に付与される場合があるので，ユーザごとの権限が確定した段階で，権限ロールを作成し，"SAP_NEW"から新しいロールに付与する権限プロファイルを変更する必要がある。

(9) ユーザ・タイプによるコントロール

SAP ERPでは，システムへのログイン形態の相違（**図表5-6**）に基づき"ユーザ・タイプ"を区分し（**図表5-8**），ユーザ・マスタ上でユーザＩＤに付与することで，各ユーザ・タイプに許可するログイン方法を決定・制限している。

アクセス管理上は，端末ログインが不要なユーザは"システム・ユーザ"か"コミュニケーション・ユーザ"の非ダイアログ・ユーザとして定義し，また匿名ユーザとして共有のアクセスを許可する必要がある場合には，そのトランザクションの実行権限を必要最小限に制限したうえで"サービス・ユーザ"として設定する必要がある。リファレンス・ユーザを使用しない場合には，利用設定を無効化すべきである。さらに前述の標準ユーザ（高権限ユ

❺ ERPの監査の概説

図表5-8 ログイン形態（ユーザ・タイプ区分）

ユーザ・タイプ	内容	ログオン要否	パスワード・ルールの適用の有無	パスワード変更権限者
ダイアログ A	端末ログイン可能なユーザ	Dialog Log on	Yes	User & Admin
サービス S	匿名で端末ログインできるユーザ。限定した権限のみを割り当てることが必要である。	Dialog Log on	No	Admin Only
コミュニケーション C	ALE, Workflow, CUA等の各種アプリケーションのRFCあるいはCPICサービス等のシステム間通信のためのユーザ	Comm. Log on	No	Admin Only
システム B	RFC, CPICサービス等のシステム内通信あるいはバックグラウンド処理のためのユーザ	No	n/a	n/a
リファレンス L	端末ログイン可能なユーザ	No	n/a	n/a

出所：PwC資料を基に一部作成。

ーザ）のうちロックされていないユーザの"ユーザ・タイプ"は非ダイアログ・ユーザとする必要がある。

(10) 物理的，論理的アクセス・コントロール

SAP ERPでは，開発環境，テスト環境，本番環境用にそれぞれハードウェアが用意され，各環境を物理的に分離して運用する"**3システム・ランドスケープ構成**"と呼ばれるアーキテクチャをもつ。このハードウェアごとの管理単位を"インスタンス"と呼ぶ。各インスタンスには，データの論理的な管理単位であるクライアントを複数もつことができ，通常，会社，事業部，事業場といった会計単位をクライアントとして設定する。クライアント番号"000"はデフォルトで用意されるクライアントであり，変更を加えることなく初期状態で保持することが推奨される。

(11) 開発担当者と運用担当者の職務分掌

SAP ERPでのユーザ登録はクライアント単位で行うことになり，開発担

当者は開発インスタンス上のクライアントのみにユーザ登録される。一方，運用担当者は，開発環境インスタンス，テスト環境インスタンスおよび本番環境インスタンス上のクライアントに登録されるが，アプリケーション・データの登録，更新，削除に関するトランザクションの実行権限は付与されてはならない。監査情報システム（AIS）のトランザクシション"S_BCE_68001400"を実行して，クライアントに登録されているユーザを確認することにより，クライアントごとの開発担当者と運用担当者の登録状況を確認することができる。

⑿ クリティカル・トランザクションのコントロール

SAP ERPでは，あらかじめ膨大なトランザクション・コードが用意されており，一括インストールされる仕組みとなっている。このなかには開発・テスト環境では重要な役割を果たすものの，本番環境においてはセキュリティ上の重要な脅威となるトランザクション（"クリティカル・トランザクション"と称される）が存在する。

クリティカル・トランザクションには，アプリケーション・プログラムを介さずデータベースを照会/追加/変更する機能，プログラム，テーブル，ビューの定義を照会/追加/変更する機能，カスタマイズド・パラメータを登録/変更する機能，特定トランザクション実行のロック/ロック解除する機能，特定トランザクション実行時の権限オブジェクト・チェックを無効にする機能，OSのコマンドを登録/実行する機能，バック・グラウンド・ジョブによる外部プログラム・コマンドを実行する機能等が含まれる。

監査情報システム（AIS）のトランザクシション"S_BCE_68001400"を実行し，検索したいクリティカル・トランザクション・コードを入力することにより，指定したトランザクションの実行権限をもつユーザID一覧を表示・確認できる。

⑬ インスタンス間の移送のコントロール

　3システム・ランドスケープ構成の物理的に分離された開発環境，テスト環境，本番環境の各インスタンス上のシステム間で成果物を受け渡す作業を"移送"あるいは"ソフトウェア・ロジスティクス"と呼称する。移送プロセスのエラーは本番環境の破壊に繋がることから，移送に際しては，開発環境で開発・保守されたソース・コードおよびカスタマイズ・パラメータ等のオブジェクトのみが本番環境に移送可能となる仕組が構築され，3つのシステム間で各オブジェクトの整合性が破壊され，バージョンが一致しなくなることが防止されている。

　また，テスト環境でのソース・コードおよびカスタマイズ・パラメータ等のオブジェクトの開発・保守行為は原則禁止される。さらに，本番環境インスタンスあるいはクライアントに対して直接プログラム等の変更が行えないように，トランスポート・オーガナイザー"SE06"のシステム変更オプションにより設定（確認）することができる。

　本番運用開始後は，開発・テスト環境システムでの開発・保守作業は一切禁止され，本番環境システムでの移送受入も禁止される。

⑭ クライアント保護（Client Protection）

1）クライアント・ロールによる保護

　クライアント・ロールに関して設定可能なバリュー（活動区分）として，"本稼働"，"テスト"，"トレーニング"，"デモ"，"カスタマイジング"および"SAPリファレンス"が用意されている。クライアント・ロールの設定目的は，各種の記録のためであるが，本稼働設定の場合には，クライアントのコピー等の本稼働システムの破壊につながる危険な機能の実行を禁止する等の目的も意図されている。なお，本稼働クライアントの場合には，後述のクライアント依存データの変更禁止の設定をしたとしても，会計期間，金利，給与計算における社会保険料率，その他経常的な修正項目については変更可

能な状態が確保され，業務上の利便性も意図されている。

2）クライアント依存/非依存データのコントロール

　SAP ERPでは，クライアントごとに管理可能なデータ（クライアント依存データ）とクライアント共通で管理するデータ（クライアント非依存データまたはクロス・クライアント・データ）に分類される。ほぼ大部分がクライアント依存データであるが，クライアント依存データは，アプリケーション・データである取引データとマスタ・データ，カスタマイズ・パラメータおよびユーザ・マスタで構成される。

　一方，クライアント非依存データは，いわゆるテクニカル・データである"リポジトリ・オブジェクト"のプログラム，画面定義，テーブル定義およびメタデータ等の定義体で構成され，クライアント単位で管理することができず，これらのデータはどのクライアントから変更してもすべてのクライアントに影響を与えてしまう点に留意が必要である。

　SAP ERPが提供する標準アプリケーション・プログラムからは，ログオン・クライアント以外のクライアント依存データへのアクセスは制限され，防止的統制がデザインされているが，SAP ERPの開発言語であるABAPのSQL命令オプションである"CLIENT SPECIFIED"をアドオン・プログラム内に記述することで，本番環境クライアントのデータを他のクライアントから改竄可能とするプログラムを開発することは可能であるため，独自開発したプログラムについては，本番環境システムへの移送前の段階で，"CLIENT SPECIFIED"等のクリティカル・オプションがコーディングされていないことを確認する必要がある。

　トランスポート・オーガナイザー"SE06"のシステム変更オプションにより"クライアント・セッティング"で本稼働クライアントを選択し，クライアント依存データの設定を"No change allowed"に，クライアント非依存データのセッティングを"No changes to Repository and cross-client Customizing objs"として設定すると，本番環境でのクライアント依存パラ

メータとクライアント非依存パラメータおよびリポジトリ・オブジェクトへの変更を禁止することができる。

3）CATT（Computer Aided Test Tool）の設定

　テスト支援ツールであるCATTは強力なテスト支援ツールとしてSAPに実装されているが，本稼働クライアントにおいては大きな脅威となる機能であるため，クライアント設定において使用を禁止・制限可能となっている。

4）クライアント・コピー・プログラムと比較ツール

　クライアント設定において，クライアントのコピーあるいは比較ツールによる外部利用を禁止することにより，本稼働クライアント・データへの上書きリスクを回避することが可能である。

> **参考**
>
> ### カスタマイジング，アド・オンと拡張，モディフィケーション
>
> 　SAP ERPでは1万種類を超えるカスタマイズ・パラメータが用意されており，各企業に固有のビジネス要件への対応を考慮している。カスタマイジングとは当該パラメータの設定によりシステム設定をカスタマイズすることをいい，バージョン・アップ時には自動的にバージョン・アップに適合することが保証される。
>
> 　SAPではすべての開発行為は，Advanced Business Application Programming（ABAP）Workbenchと呼ばれるプログラミング・ツールによって管理される。ABAP Workbenchを用いれば，プログラム，テーブル，その他の開発項目の開発・メンテナンスのための各種ツールが提供される。ABAP Workbenchは当該ツールを用いて開発・メンテナンスされたすべてのリポジトリ・オブジェクトとクラアンアト依存のカスタマイジング・オブジェクトの記録をトラッキングすることができる。アド・オンとは，プログラ

ムやリポジトリ・オブジェクト（画面定義やテーブル定義等を含む）を新規開発する行為を指し，SAPの標準プログラムの一部である"User EXIT"という企業が開発・モディファイした別のプログラムを呼び出すインターフェースにあわせてアド・オンすることを"拡張"と呼ぶ。"User EXIT"を用いれば，アドオン・プログラムの自動起動，標準プログラムによる処理データの所定のインターフェースによる受け渡しが可能であるほか，バージョン・アップ時においてアドオン・プログラムの動作が保証される。"User EXIT"を使用しないアドオンの場合，ユーザがプログラムを呼び出し，プログラム自身がオープンSQL命令やSAP標準のBAPI（Business Application Program Interface）等を使用して必要なデータにアクセスする必要があり，またバージョン・アップ時には動作確認のテストが必要になる。

　モディフィケーションは企業が，SAPが提供する標準プログラムを変更することをいう。モディフィケーションの場合には，バージョン・アップの都度，影響をテストし，内容を移送後のシステムに再設定する作業が必要になるほか，サービス・パックのインストール時にはモディフェケーションしたプログラムに異常をきたす等の対応が必要となるため，重大なリスクを想定して対応する必要がある。

(15) セキュリティ・ログによるコントロール

　SAP ERPでは，プロファイル・パラメータで設定することにより取得可能なセキュリティ関連の情報を記録する"セキュリティ・ログ"と標準設定で取得可能なシステム障害関連の情報を記録する"システム・ログ"がある。セキュリティ・ログは"rsau/enable"で取得の要否設定を行い，"rec/client"でログ取得する本番環境クライアントを特定することにより取得される。取得可能な監査ログの種類は以下のとおりである。

・成功・失敗したGUIログオン

- 成功・失敗したRFC（Remote Function Call）ログオン
- 多重ログオン（ユーザID共有）違反
- ログオン失敗によるロックアウト・ユーザ
- ロックアウト・ユーザのロック解除
- ユーザIDの登録/削除
- パスワードの変更
- ユーザ・マスタ・レコードの変更
- 権限プロファイルの登録，変更，削除等
- 成功/失敗したレポート・プログラムの実行
- 成功/失敗したトランザクション・コード
- ロック/ロック解除されたトランザクション・コード
- ファイルのダウンロード
- アプリケーション・サーバの起動/停止
- セキュリティ監査ログのフィルタの変更

セキュリティ監査ログでは以下のフィルタの設定が可能であり，フィルタ条件を満たすログのみが記録されることになる。

① 監査クラス

　イベントごとに"ダイアログ"，"トランザクション・スタート"，"レポート・プログラム・スタート"，"ユーザ・マスタ変更"等の監査クラスが割り当てられており，指定された監査クラスに該当するログだけが記録される。

② イベント・クラス

　イベントごとに"Critical"，"Important"，"Non-Critical"の3段階の重要度区分があらかじめ割り当てられている。Criticalと表示されるログについては，取得することが推奨されている。

③ クライアント

ログをとりたいクライアント番号を指定する。

④ ユーザID

ログをとりたいユーザのIDを指定する。

セキュリティ監査ログの取得状況はトランザクション"SM19"で，セキュリティ監査ログの参照はトランザクション"SM20"で実行することができる。

参考

SAP ERPシステムが提供するログ

- Security Audit Log
- Performance Monitor
- System Log
- Table Log (Table Modification)
- SE16N Log (General table display)
- Security Change Documents
- Business Change Documents
- Batch Job Log
- Batch Input Log
- Transport Request Log
- Transport Call Log
- System Profile Parameter Log
- System Protection Log
- Virsa Firefighter Log

索　引

[数字・英語]

3C分析 ································60
3システム・ランドスケープ構成 ········215
4P分析 ································60
5Forces分析 ···························60
7S分析 ································60
ABAP Workbench ·····················219
BAF ···························8, 59, 60
BAPI ·································220
BI ···························6, 15, 59
BPR ····································8
BSC ·································6, 59
CAAT ··················26, 71, 84, 87, 88
CAATデータ提供依頼書（例示）·········107
CAATによる不正検出事例研究 ··········101
CATT ·································219
COBIT ····························34, 38
COBIT for SOX ··············42, 124, 139
COBITキューブ ························50
COBITにおけるドメイン，プロセスおよ
　びアクティビティ ·····················45
COBITの成熟度モデル ·············47, 48
COBITのマネジメント・ガイドライン ····47
COBITフレームワーク ··················50
COSO ERMフレームワーク ·············80
COSOとCOBIT ························42
COSO内部統制フレームワーク ·····34, 53
CPM ·································6, 59
CSF ·································6, 59
Data Assurance ························87
ERM ··································79
ERP ·····················8, 14, 15, 198, 199
ERPのミドルウェア層 ·················198
Executive Officer ················24, 27
FISCシステム監査指針 ·················35
GRCアプリケーション ··················72
GRCモジュール ························87
GTAG ·································75
IFRS ·······························12, 37
IIA ····································16
ISA ····································59
ISACA ································42
ISO17799 ······························42
ISO20000 ······························39
ISO27001 ······························39
ISO9001 ································40
IT Application Control ··················55
IT Dependent Manual Control ·······56, 191
ITACの検証手続（例）·················193
ITACを実現する機能（例）············192
ITGCリスク評価（記載例）············156
ITGI ··································42
ITIL ····················34, 39, 42, 124
ITアクティビティにおけるKGIとKPI ······47
IT委員会研究報告第31号
　·························36, 145, 158, 192, 199
IT委員会報告第3号 ·······36, 56, 124, 125, 145
ITインフラの概要 ····················145
ITガバナンス ··························60
ITガバナンス，管理，監査のフレームワー
　ク ···································38
ITガバナンス，リスク・マネジメントお
　よびコントロールの監査 ··············33
ITガバナンス協会（ITGI）·············42
IT環境概要の記載様式および記載例 ·····149
IT基盤の脆弱性 ······················198
IT業務処理統制 ·············55, 129, 191
IT全社統制 ·············129, 137, 138, 155
IT全般的統制の統制活動 ··············161
IT全般統制 ·············55, 129, 159, 206
IT組織（記載様式）··················154
IT統制評価・検証手続 ··············55, 56
ITに関する統制環境 ···················55

223

ITの全体像の把握	133
ITの統制	126
ITの統制目標	67
ITの利用	25, 126
ITへの対応	126
ITを対象とする監査	32
ITを利用した監査	22, 32
J-SOX	53, 121
KGI	7, 59
KPI	6, 7, 9, 15, 59
KRI	6, 7, 9
NTE	54
PDCAサイクル	7, 41, 66, 70
PMBOK	42
PPM分析	60
PRINCE2	42
SAP	199
SWOT分析	11, 60
XBRL	13, 87
XML	13

[あ行]

アウトソーシング（外部委託）	149
アクセス・コントロール	193
アクセス・パス	212
アサーション	67
アシュアランス	16, 70
アド・オン	8, 199, 219
アプリケーション・システム構成（記載例）	152
アライアンス	149
移送	217
インスタンス	215
インターフェース	147
影響額	65
エディット・バリデーション・チェック	192

[か行]

会計監査	32, 65
会計監査とIT監査との異同	58
会計監査人	67
概念フレームワーク	37
外部委託	186
過去情報の監査の限界	19
カスタマイズ	8, 199, 219
監査管理システム	75
監査範囲に関する限界	18
企業価値の確認とその保護のための内部監査	17
規程概要（記載様式）	154
機能別組織制	21
機能ライン組織	20
基本ソフトウェア構成	145
金融検査マニュアル	35
金融商品取引法	121
金融庁企業会計審議会	34
クライアント・サーバシステムとホスト系システム	158
クライアント・ロール	217
クライアント依存データとクライアント非依存データ	218
クライアント保護	217
クラウド	14, 87
クリティカル・サクセス・ファクター（CSF）	6
クリティカル・トランザクション	216
グローバル・スケール・メリット	3
グローバル経済犯罪意識調査	96
経営管理のフレームワーク	60
継続的監査	25, 71, 87, 112
継続的監査システム（CAS）画面イメージ	118

継続的監査システム（CAS）の開発工程
　………………………………112, 115
継続的監査システム（CAS）の構成モジュール………………………………114
継続的モニタリング………………24, 25, 71, 87
権限プロファイル／ロール………………206

高権限プロファイル………………………214
国際監査基準（ISA）………………………59
国際財務報告基準（IFRS）……………12, 37
コーポレート組織…………………………20
コーポレート・パフォーマンス・マネジメント（CPM）………………………6, 59
固有のリスク（Inherent Risk）………52, 54
コンサルティング…………………16, 17, 70
コントロール・テスト……………………54
コントロール・トータル・チェック……192
コントロール・リスク……………………54
コンピュータ運用…………………………172
コンピュータ利用監査技法(CAAT)……71, 194

[さ行]

財務諸表監査………………………………32
財務諸表の虚偽表示リスク………………65
財務報告に係る内部統制監査……………65
サーベンズ・オクスリー法……………121
サンプル・テスト…………………………193

事業部／社内カンパニー制………………21
試査…………………………………………18
システム・ログ……………………………222
システム監査基準…………………………35
システム管理基準…………………………34
システム管理基準追補版（IT統制ガイダンス）………………34, 122, 125, 134
実施基準…………………………………34, 121
実証性テスト………………………………54
実証性テストへのCAATの適用…………90
自動化された統制活動……………………191
重要業績評価指標（KPI）………6, 7, 9, 15, 59

重要目標達成指標（KGI）………………7, 59
重要リスク指標（KRI）………………6, 7, 9
出力情報……………………………………147

情報システムコントロール協会（ISACA）
　……………………………………………42
情報システムに対する投資………………148
情報システムの安定度……………………148
情報システムの変更………………………148
情報セキュリティ監査……………………33
情報セキュリティ管理基準………………35
情報要請規準………………………………44
将来の企業価値の向上を目指す内部監査
　………………………………………17, 20

ステーク・ホルダー………………………65

セキュリティ………………………………178
セキュリティ監査基準……………………35
セキュリティ・プロファイル・パラメータ
　……………………………………………213
セキュリティ・ログ………………………220
設定可能コントロール……………………204
攻めの経営情報……………………………26
全社的リスク・マネジメント（ERM）……79
全社的リスク・マネジメント・サイクル…66

ソフトウェア・ロジスティクス…………217

[た行]

地域統括会社（RHQ）…………5, 20, 21, 28, 29

データ・アシュアランス………………25, 26
データ解析専用ツール……………………75
データ・ファイル…………………………146
データ・ファイル・アクセス……………194
データへのアクセス………………………106
手続の種類, 実施時期および実施範囲(NTE)
　……………………………………………54
電子商取引…………………………………147

伝統的内部監査の2大課題…………23, 25, 76

統制テストにおけるサンプリング基準……54
トレッドウェイ委員会………………………34

[な行]

内部監査業務に関する状況調査……………71
内部監査人協会（IIA）………………………16
内部監査の高度化領域………………………18
内部監査の定義………………………………16
内部統制のテストへのCAATの活用………89
内部統制報告制度……………………………16
内部統制リスク（Control Risk）……………52

入力データ……………………………………146

ネットワーク概要（記載例）………………151
ネットワーク機器構成図（記載例）………150

[は行]

発見リスク……………………………………54
発生可能性……………………………………65
ハードウェアおよび基本ソフトウェア構成
　（記載例）…………………………………150
バランスド・スコア・カード（BSC）……6, 59
バリューチェーン分析………………………60

ビジネス・アナリシス・フレームワーク
　（BAF）………………………………………8
ビジネス・インテリジェンス（BI）…6, 15, 59
ビジネス要件／ガバナンス要件……………43
ビジネス・リスク・アプローチのフレーム
　ワーク………………………………………51
ビジネス・リスク要因………………………58
標準ユーザ／特権ユーザ…………………210

不正検出………………………………………96
不正トライアングル…………………………97
"不正の手口別"CAAT適用アプローチ……97
"不正リスク領域別"CAAT適用アプロー
　チ……………………………………………98
物理的, 論理的アクセス・コントロール…215
プログラムのレビュー……………………193
プログラム変更……………………………168

米国企業改革法……………………………121

補完的経営情報システム……………………75
本社コーポレート・スタッフ機能……5, 23, 97

[ま行]

マッチング…………………………………192
守りの経営情報………………………………26

見える化………………………………………9

モディフィケーション…………………199, 219
モニタリング支援ツール…………………205
モニタリング専用ツール……………………75

[や行]

ユーザ・アクセス・コントロールのシステ
　ム・ロジック……………………………209
ユーザ・タイプとログイン形態…………214

[ら行]

リアル・タイム…………………………77, 78
リアル・タイムな監査…………………25, 26
リスク・アプローチ…………………………32
例外処理レポート…………………………193

〈著者紹介〉
出口眞也（でぐち　しんや）
プライスウォーターハウスクーパース　パートナー，
あらた監査法人代表社員・公認会計士

会計監査・アドバイザリ業務ならびにプライスウォーターハウスクーパース・ジャパンの内部監査サービス責任者として内部監査業務および内部監査，コーポレート・ガバナンス，リスクマネジメントなどのコンサルティング業務に従事。

著書：
『アメリカの会計原則』（共著：東洋経済新報社）
翻訳書：
『企業情報の開示―次世代ディスクロージャーモデルの提案―』（共訳：東洋経済新報社）2002年

平成24年9月15日　初版発行　　　　　　　《検印省略》
　　　　　　　　　　　　　　　　　　　略称：内部実務IT

内部監査実務シリーズ
ITと内部監査

著　者　　出　口　眞　也
発行者　　中　島　治　久

発行所　同文舘出版株式会社
東京都千代田区神田神保町1-41　〒101-0051
営業 (03) 3294-1801　編集 (03) 3294-1803
振替 00100-8-42935　http://www.dobunkan.co.jp

©S.DEGUCHI　　　　　　　　製版：一企画
Printed in Japan 2012　　　　印刷・製本：萩原印刷

ISBN978-4-495-19771-1

内部監査実務シリーズ

内部監査の基礎知識

米国公認会計士
公認内部監査人
佐藤政人 [著]

A 5 判・184頁
定価（本体1,800円＋税）
2011年9月発行

企業グループの内部監査

公認会計士
箱田順哉 [著]

A 5 判・184頁
定価（本体2,000円＋税）
2011年9月発行

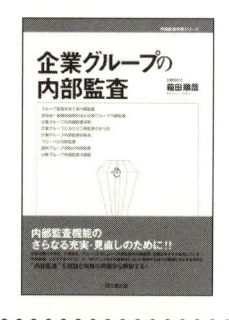

リスクマネジメントと内部監査

公認会計士
公認不正検査士
田中達人 [著]

A 5 判・160頁
定価（本体2,300円＋税）
2012年1月発行

同文舘出版株式会社